왕초보 탈출 영

**1** 단어와 필수문장을 신속하게 습득한다 : 하루10분

바쁜 일상 속에서 영어의 기초를 다지고, 나아가 일상회화 및 비즈니스 회화
까지 발돋움 할 수 있도록 단어마다 2개의 필수문장을 제공하여 회화 및
글쓰기에 도움이 될 수 있도록 하였다.

**2** 기초를 다지고자 하는 중고생과 성인들을 위한 단계별 학습 / 문장력 Up!

➜ **Level 1 왕초보 탈출 영단어** 영어를 처음부터 다시 한다는 마음으로 출발
➜ **Level 2 영단어 기본 다지기** 회화력 Up!
   1권에서 왕초보 딱지를 뗀 후, 읽기, 말하기, 쓰기의 중급실력 다지기
➜ **Level 3 영단어 기본 넘기기** 표현력 Up!
   영어기본의 마지막 단계! 영어의 자신감 되찾기 필수코스!

나에게 맞는 단계를 고르기가 쉽지 않았으나,
3권 시리즈를 통하여 1권기초 → 2권기본 → 3권중급으로 발전하는
자신을 발견할 수 있다.

또한 중고생의 기초학습과, 성인들의 읽기, 말하기, 쓰기에 필요한
필수 문장들을 제공하였다.

**3** 단어, 예문 학습을 위한 배려 – 주석, 풍부한 예문

예문의 주요단어에 *표로 주석을 달아 학습이 용이하며, 발음기호가 어려운
분들을 위한 [한글발음]을 곁들였다.
또한 각 권600단어 1200문장의 풍부한 학습 분량을 단기간에 학습할 수
있도록 구성하였다.

**4** 메타학습법 – 시간절약, 장기기억

1일/5일 단위의 복습을 통해, 배운 단어를 기억하고, 학습 전 점검을 통해
시간을 절약하면서 효과적으로 학습할 수 있도록 하였다.

왕초보 탈출 영단어 **ABC**

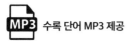

# 영단어
# 기본 다지기 Level 2

## 회화력 UP
### 독해, 말하기, 글쓰기 필수단어

김희수 지음

MP3 수록 단어 MP3 제공

도서출판

**왕초보 탈출 영단어 ABC**

# Level 2 영단어 기본 다지기

초판 1쇄 인쇄 | 2018년 8월 17일
초판 2쇄 발행 | 2018년 10월 1일

지은이 | 김희수
펴낸이 | 안대현
디자인 | 시대커뮤니티
펴낸곳 | 도서출판 풀잎
등 록 | 제2-4858호
주 소 | 서울시 중구 필동로 8길 61-16
전 화 | 02-2274-5445/6
팩 스 | 02-2268-3773

ISBN    979-11-85186-61-0  14740

• 이 도서의 국립중앙도서관 출판예정도서목록(CIP)은 서지정보유통지원시스템 홈페이지(http://seoji.nl.go.kr)와
  국가자료공동목록시스템(http://www.nl.go.kr/kolisnet)에서 이용하실 수 있습니다.
  (CIP제어번호 : CIP2018025291)

왕초보 탈출 영단어 **ABC**

하루 **5~10**분  메타학습의 기적
나에게 맞는 영어교재? 고민 끝! 단계별 학습 가능!

## Level **2**

# 영단어 기본 다지기

김 희 수 지음

도서출판

# 이 책을 이용하시는 분들께…

단어는 영어의 생명! 단어 + 문장의 초 특급 프로젝트에 입문! 하셨습니다.

**단어지식은 물론 회화, 편지, 비즈니스에 활용되는 문장들을 학습할 수 있습니다.**

**1 단어**  매일 다양한 문장들을 접할 수 있도록 다양한 품사들로 구성하고, Self-evaluation에서는 가장 자주 쓰이는 의미 위주로 표기했습니다.

> **[단어배열]**
>
> **Level 1**  중후반에 어려운 단어(어렵지만 중요한) 한 두 개씩 넣었습니다.
>
> **Level 2**  뒤로 갈수록 단계가 올라가지만, 지루하지 않도록 쉬운 단어도 함께~
>
> **Level 3**  3권에도 쉬운 단어를 살짝 추가했습니다.
>
> <u>예문에서 새로 등장하는 주요 단어들은 가급적</u> *로 표시했습니다.

**2 예문**  회화, 편지, 비즈니스에 활용되는 표현들을 수록했습니다. 'tip', '*'를 참고하시고, 예문 속에 추가된 '*' 단어들도 알아두면 좋습니다.

> **[예1]**
>
>  **Tip!**
> 'by'의 여러 가지 뜻
> ①저자: by 사람이름 (~저)
> ②시간: by tomorrow (내일까지)
> ③교통수단: by bus (버스를 타고) 이 외에도 다양하게 쓰입니다.

> **[예2]**
>
> 3권 Day21  Try to *work out ~   *work out: 운동하다
> 1권 Day5   History is my favorite *subject.  *1-day46
>            역사는 내가 좋아하는 *과목이다.

## 3 발음 표기

❖ 한글 표기는 참고만 하시고, 정확한 발음은 영어사전 및 MP3를 활용하시기 바랍니다.
❖ 한글로 표기하기 어려운 발음은 – '실제 발음'에 치중했습니다.

> F, R과L, Thank you의 Th발음, This의 Th발음 등의 표기
> * Thank you의 Th 발음 : [ㅆ]
> * This의 Th 발음: [ㄷ]
> * R발음: run : [런] / bird새: [버~드]
> * L발음: low : [ㄹ로우] lamp: [ㄹ램프] / bell: [벨]
> * F발음: free: [프리] / half: [해ㅍ]
> * 약한 모음: old: [오(울)드]   open: [오우픈]
> 발음강세:
> * [예] happy: [**해**피] 굵은 글자: 강한 발음, 작은 글자: 약한 발음

## 4 전체구성

### 메타인지 영단어 학습법 (Metacognitive Word Memory)

메타인지는 '높은 수준의 사고력' 및 '자신을 성찰하는 능력'을 뜻하며,
이것을 학습에 적용하면 '아는 것과 모르는 것을 구분하여 능률적인 학습이 되도록
하는 능력 '을 의미합니다.

1) **사전진단**(self-test)을 통하여 모르는 단어들을 미리 확인할 수 있습니다.
2) self test 페이지와 learn 페이지의 문장들을 통해 자연스럽게 단어를 익힙니다.
3) 하루 10단어씩 5일 후면 50개의 단어를 복습하게 되고,
   복습페이지에서 기억이 나지 않는 단어들은 뒤 페이지에서 재확인이 가능합니다.
4) 마지막단계 – 퍼즐
   최종적으로 배운 단어들을 퍼즐을 통해 점검할 수 있고,
   퍼즐을 좋아하지 않는 분들은
   self-evaluation(자기점검) 후 바로 다음 장으로 넘어가셔도 됩니다!

\* **요약하자면 학습구성은 사전진단 후(test) – 배우고(learn) – 복습하기(evaluation)입니다.**

## 5 하루 5∼10분의 투자로…

각 문장 안에서 단어들이 어떻게 쓰이는지 숙지하여
다양한 영어환경에 익숙해지시기를 바라며, 여러분의 건투를 빕니다!

# 메타인지 영단어 학습 Q&A
## (Metacognitive Word Memory Q&A)

 **Q** 자! 이제 아는 단어와 모르는 단어를 어떻게 구분한다는 건가요?

 **A** 본격적으로 학습하기 전에 셀프 테스트(self-test)를 합니다. 학습 단어를 간단한 문장 속에 넣어 두었습니다. 학습자는 이 문장에서 사용된 단어의 뜻을 생각해보고, 아는 단어에만 √ 표시를 하는 거지요.

 **Q** 단어를 모르면 문장에서
힌트를 얻는다……,
생각을 바꾸니까
그리 어려워 보이진 않네요.

**A** 네, 맞습니다.
이렇게 구성된 페이지의 순서에 따라
한 단계씩 밟아가면 됩니다.
학습에 대한 생각을 바꾸면 학습하는
방법과 태도가 달라집니다.

 **Q** 네 번째 페이지는 Self Evaluation? 이게 뭐지요?

 **A** 첫 페이지 Self Test가 학습하기 전에 아는 것과 모르는 것을 구분하기 위한 것이라면, 네 번째 페이지 Self Evaluation은 학습을 하고 나서 학습 결과를 평가해보기 위한 것입니다.

**Q** 앗, 여기 나온 문장,
어디서 많이
본 것 같은데요?

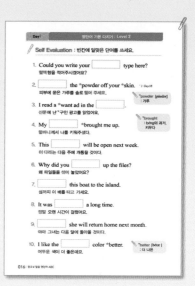

**A** 어디서 봤을까요?
네, 첫 페이지에 제시했던 바로 그 문장
입니다. 이제 학습을 했으니 첫 페이지의
문장을 다시 보면서 배운 단어를 빈칸에
채워봅니다. 문장과 함께 익힌 단어는
기억 속에 잘 남게 됩니다.

**Q** 이렇게 학습하면 짧은 시간에 많이 공부할 수 있겠어요.
그럼 리뷰 페이지는 어떻게 학습하는 건가요?

**A** 5일동안 하루 10단어씩 50단어를 학습하게 되는데,
이때 Self Evaluation (자가진단)을 통해 복습이 이루어집니다.

**Q** 리뷰 첫 페이지에 영단어가 있고, 다음에는 퍼즐퀴즈가 있는데요?
이 영단어의 뜻은 어디에서 확인하죠?

**A** 네. Self Evaluation(복습진단)에서
기억이 나지 않는 단어에 표를 한 후,
퍼즐 다음 페이지에서 단어의 뜻을
즉시 확인할 수 있습니다.
이러한 방법으로 5일 단위로
효과적인 복습이 가능합니다 .

왕초보 탈출 영단어 **ABC**
## Level 2 영단어 기본 다지기

# Contents

**| 배열 (5일 단위) |**

금주의 단어 확인 → 1일 학습 × 5일 → 금주단어 복습

**| 1일 학습 구성 |**

Self Test (아는단어 점검) → Learn (학습) → Self Evaluation (복습)

**| Test |**

금주의 단어 복습 → 퍼즐 → 정답 확인

# Contents

왕초보 탈출 영단어 **ABC**

# 영단어
## 기본 다지기

**Level 2**

*Day

**01** ~ **05**

이번 주에 배울 단어를 미리 살펴보세요!

| | | | | |
|---|---|---|---|---|
| 1 blood | 11 voice | 21 lake | 31 paint | 41 street |
| 2 brush | 12 stage | 22 event | 32 office | 42 ticket |
| 3 newspaper | 13 screen | 23 trip | 33 enable | 43 daughter |
| 4 grandmother | 14 glass | 24 sign | 34 engage | 44 spring |
| 5 bridge | 15 doctor | 25 belt | 35 wing | 45 driver |
| 6 mix | 16 without | 26 anything | 36 file | 46 since |
| 7 ride | 17 anywhere | 27 carry | 37 once | 47 truly |
| 8 quite | 18 empty | 28 kick | 38 above | 48 anyway |
| 9 maybe | 19 every | 29 later | 39 interesting | 49 serious |
| 10 dark | 20 wonderful | 30 heavy | 40 double | 50 living |

Self Test : 뜻을 아는 단어에 ☑ 표시하세요.

□ 1. **blood**

Could you write your *blood* type here?

□ 2. **brush**

*Brush* the powder off your skin.

□ 3. **newspaper**

I read a want ad in the *newspaper*.

□ 4. **grandmother**

My *grandmother* brought me up.

□ 5. **bridge**

This *bridge* will be open next week.

□ 6. **mix**

Why did you *mix* up the files?

□ 7. **ride**

*Ride* this boat to the island.

□ 8. **quite**

It was *quite* a long time.

□ 9. **maybe**

*Maybe* she will return home next month.

□ 10. **dark**

I like the *dark* color better.

**Learn** : 모르는 단어 위주로 학습하세요

## 1. **blood** [blʌd] [블러드]

명피, 혈통

We have different *blood* types.
우리는 **혈액**형이 다르다.

## 2. **brush** [brʌʃ] [브러쉬]

명빗 통솔질하다, 빗다

Where is the *mirror? I need to *brush* my hair.
거울이 어디에 있죠? 머리를 **빗어야** 해요.   *2-Day28

## 3. **newspaper** [njúːzpèipər] [뉴우즈페이퍼~]

명신문

Today's *newspaper* was around here.
오늘 **신문** 이 근처에 있었는데…

## 4. **grandmother** [grǽndmʌðər] [그랜드마더~]

명할머니

I looked after my *grandmother* for a month.
나는 **할머니**를 한 달 동안 돌봐드렸어요.

## 5. **bridge** [bridʒ] [브릳쥐]

명(건너는) 다리

cross / build a *bridge*
**다리**를 건너다 / 건설하다

## 6. mix [miks] [믹 ㅆ]

동섞(이)다 명혼합

Now *mix* it with other vegetables.
이제 다른 채소들과 **섞어** 주세요.

## 7. ride [raid] [라이ㄷ]

동…을 타다 명타기, 탈것

Thank you for the *ride*.
**태워주셔서** 감사합니다.

## 8. quite [kwait] [콰잍ㅌ]

부꽤, 상당히

This story is *quite* *famous.
이 이야기는 **꽤** 유명합니다. *2-Day42

## 9. maybe [meibi] [메이비]

부아마, 어쩌면

*Maybe* it'll rain.
**어쩌면** 비가 올지도 모른다.

## 10. dark [da:rk] [다~ㅋ]

형어두운, 캄캄한 명어둠

Let's do it before it gets *dark*.
**어두워지기** 전에 합시다.

✏ **Self Evaluation** : 빈칸에 알맞은 단어를 쓰세요.

1. Could you write your ☐☐☐☐☐ type here?
   혈액형을 적어주시겠어요?

2. ☐☐☐☐☐ the *powder off your *skin.　　*1–Day18
   피부에 묻은 가루를 솔로 털어 주세요.

   📎 *powder [páudər]
   　: 가루

3. I read a *want ad in the ☐☐☐☐☐.
   신문에 난 *구인 광고를 읽었어요.

   📎 *brought
   　: bring의 과거,
   　　키우다

4. My ☐☐☐☐☐ *brought me up.
   할머니께서 나를 키워주셨다.

5. This ☐☐☐☐☐ will be open next week.
   이 **다리**는 다음 주에 개통될 것이다.

6. Why did you ☐☐☐☐☐ up the files?
   왜 파일들을 **섞어** 놓았어요?

7. ☐☐☐☐☐ this boat to the island.
   섬까지 이 배를 **타고** 가세요.

8. It was ☐☐☐☐☐ a long time.
   **정말** 오랜 시간이 걸렸어요.

9. ☐☐☐☐☐ she will return home next month.
   **아마** 그녀는 다음 달에 돌아올 것이다.

10. I like the ☐☐☐☐☐ color *better.
    **어두운** 색이 더 좋은데요.

    📎 *better [bétər]
    　: 더 나은

☞ **Self Test** : 뜻을 아는 단어에 ☑ 표시하세요.

□ 1. **voice**

I'm leaving you a *voice* message.

□ 2. **stage**

Our study is in its early *stage*s.

□ 3. **screen**

Put messages on the *screen*.

□ 4. **glass**

I left my *glass*es in the room.

□ 5. **doctor**

I'll call a *doctor*.

□ 6. **without**

He finished it *without* any trouble.

□ 7. **anywhere**

You can get it *anywhere* in this city.

□ 8. **empty**

Could you *empty* your locker?

□ 9. **every**

He visited his aunt *every* week.

□ 10. **wonderful**

His speech was *wonderful*.

**Learn** : 모르는 단어 위주로 학습하세요

## 1. **voice** [vɔis] [보이쓰]

> 명 목소리
>
> Could you lower your *voice*?
> **목소리** 좀 낮춰 주시겠어요?

## 2. **stage** [steidʒ] [스테이쥐]

> 명 단계, 무대
>
> He will be on the *stage* soon.
> 그가 곧 **무대**에 나옵니다.

## 3. **screen** [skri:n] [스크리인]

> 명 화면 동 가리다
>
> The monitor *screen* is not clear.
> 모니터의 **화면**이 선명하지 않다.

## 4. **glass** [glæs] [글래쓰]

> 명 유리, 유리잔
>
> She *poured the water into the *glass*.
> 그녀는 **유리잔**에 물을 부었다.   *2-Day42

## 5. **doctor** [dàktər] [닥터~]

> 명 의사
>
> I need to go see a *doctor*.
> **의사**에게 진찰을 받으러 가야겠다.

## 6. **without** [wiðáut] [위다웉]

　전 …없이

I can't do it *without* your help.
당신의 도움 **없이는** 할 수 없어요.

## 7. **anywhere** [énihwɛər] [에니웨어~]

　부 어디에(든)

I can't find my bag *anywhere*.
내 가방이 **어디에도** 없어요.

## 8. **empty** [émpti] [엠ㅍ티]

　형 비어있는　동 …을 없애다

The train is half *empty*.
기차가 반은 **비어 있다.**

## 9. **every** [évri] [에브리]

　형 모든, ～마다

Did you shut *every* window?
창문 **다** 닫았어요?

## 10. **wonderful** [wʌ́ndərfəl] [원더~플]

　형 훌륭한

You did a *wonderful* job.
정말 **잘** 해냈군요.

## Self Evaluation : 빈칸에 알맞은 단어를 쓰세요.

1. I'm leaving you a ⬚ message.
   저의 **음성** 메일을 남깁니다.

2. Our study is in its early ⬚s.
   우리의 연구는 초기 **단계**에 있습니다.

3. Put messages on the ⬚ .
   **화면**에 문구를 넣어 보세요.

4. I *left my ⬚es in the room.
   방에 **안경**을 두고 왔어요.   *1-Day56 leave의 과거

5. I'll call a ⬚ .
   **의사**를 부르겠습니다.

6. He finished it ⬚ any trouble.
   그는 아무 **문제없이** 일을 마쳤다.

7. You can get it ⬚ in this city.
   이 도시에서 **어디든지** 그것을 구할 수 있다.

8. Could you ⬚ your locker?
   사물함을 **비워주**시겠어요?

9. He visited his aunt *⬚ week.
   그는 *매주 이모님 댁을 방문했다.

10. His speech was ⬚ .
    그의 연설은 아주 **훌륭**했다.

☞ **Self Test** : 뜻을 아는 단어에 ☑ 표시하세요.

☐ 1. **lake**
There is a villa by the *lake*.

☐ 2. **event**
There are no more *event*s this year!

☐ 3. **trip**
How was your *trip*?

☐ 4. **sign**
You will see a red *sign* on the top.

☐ 5. **belt**
Put on a white *belt* and a hat.

☐ 6. **anything**
You may take *anything* you like.

☐ 7. **carry**
Could you help me *carry* this box?

☐ 8. **kick**
The boys are *kick*ing a ball on the ground.

☐ 9. **later**
Two years *later*, he became a singer.

☐ 10. **heavy**
The cars are slow in *heavy* snow.

**Learn** : 모르는 단어 위주로 학습하세요

## 1. **lake** [leik] [ㄹ레잌]

명호수

The *lake* is only 2 kilometers away.
호수는 2킬로미터 떨어진 곳에 있습니다.

## 2. **event** [ivent] [이벤ㅌ]

명사건, 행사

A big *event* will be held in July.
7월에 큰 **행사**가 열릴 것이다.

## 3. **trip** [trip] [트맆]

명여행

We will take a *trip* to Jeju this summer.
이번 여름에는 제주도로 **여행**을 갈 것입니다.

## 4. **sign** [sain] [싸인]

명신호, 간판  동서명하다

The weather shows no *sign* of rain.
비가 올 **징조**가 없다.

## 5. **belt** [belt] [벨ㅌ]

명(허리)띠, 벨트

Your *belt* goes well with your jacket.
**벨트**가 상의와 잘 어울린다.

## 6. anything [éniθìŋ] [애니씽]

대 무엇(이든)

Is there *anything* \*missing?
뭐 빠뜨린 것 있나요?

> \*missing [mísiŋ]
> : 놓친, 없어진

## 7. carry [kǽri] [케어~리]

동 나르다, 휴대하다

It's easy to *carry* in a bag.
이것은 가방에 넣고 **가지고 다니기가** 용이하다.

## 8. kick [kik] [킥]

동 (발로) 차다 명 차기

He finally *kick*ed a goal.
그가 마침내 한 골을 **차서** 넣었다.

## 9. later [léitər] [ㄹ레이터~]

부 나중에 형 나중의

I'll visit you *later* again.
**나중에** 다시 방문 드리겠습니다.

## 10. heavy [hévi] [헤비]

형 무거운, 심한

My legs feel *heavy*. / My head feels ~.
다리가 / 머리가 **무겁다**.

✎ **Self Evaluation** : 빈칸에 알맞은 단어를 쓰세요.

1. There is a *villa by the ☐ .
   호숫가에 *별장이 하나 있다.

2. There are no more ☐ s this year!
   더 이상의 **행사**는 없습니다!

3. How was your ☐ ?
   **여행**은 어떠셨어요?

4. You will see a red ☐ on the top.
   위쪽에 빨간 **간판**이 보일 거예요.

5. Put on a white ☐ and a hat.
   흰색 **벨트**와 모자를 착용해 보세요.

6. You may take ☐ you like.
   **무엇이든** 마음에 드는 것을 가져도 됩니다.

7. Could you help me ☐ this box?
   이 상자를 **들도록** 도와주시겠어요?

8. The boys are ☐ ing a ball on the ground.
   소년들이 운동장에서 공을 **차고** 있다.

9. Two years ☐ , he became a singer.
   2년 **후**, 그는 가수가 되었다.

10. The cars are slow in ☐ snow.
    **폭설**로 차들이 서행하고 있다.

👉 **Self Test** : 뜻을 아는 단어에 ☑ 표시하세요.

☐ 1. **paint**

Could you help me *paint* the roof?

☐ 2. **office**

She walks to her *office*.

☐ 3. **enable**

It *enable*s us to easily find errors.

☐ 4. **engage**

I want to *engage* with nice people.

☐ 5. **wing**

I watched the angel *wing*s on the wall.

☐ 6. **file**

My *file*s were recovered.

☐ 7. **once**

He feeds the fish *once* a day.

☐ 8. **above**

The light *above* the table is off.

☐ 9. **interesting**

Her idea sounds *interesting*.

☐ 10. **double**

I paid *double* to buy a ticket.

**Learn** : 모르는 단어 위주로 학습하세요

## 1. **paint** [peint] [페인트]

명물감 동색칠하다, 그리다

The wall is *paint*ed blue.
벽은 파란색으로 **칠해져 있다.**

## 2. **office** [ɔ́:fis] [오피씨]

명사무실

Could you drop by my *office*?
내 **사무실**에 들르시겠어요?

## 3. **enable** [inéibl] [이네이블]

동…을 할 수 있게 하다

The *system *enable*s quick service. *2-Day16
이 시스템은 빠른 서비스를 **가능하게 한다.**

## 4. **engage** [ingéidʒ] [인게이쥐]

동관계를 맺다, 종사하다(시키다)

She is *engage*d in advertising.
그녀는 광고업에 **종사하고 있다.**

## 5. **wing** [wiŋ] [윙]

명날개

*Spread your *wing*s and fly!
날개를 펴고 날아라!

📎 *spread [spred]
: 펴다

## 6. **file** [fail] [파일]

명 서류철 동 보관하다

Could you *label each *file*?
각 **파일**에 *꼬리표를 붙여 주시겠어요?

## 7. **once** [wʌns] [원 쓰]

부 한 번(때) 접 …하자마자

My uncle was *once* a painter.
나의 삼촌은 **한 때** 화가였다.

## 8. **above** [əbʌ́v] [어법]

전 …보다 위에 부 위로(에)

The items are listed *above*.
품목들은 **위에** 열거되어 있다.

## 9. **interesting** [íntərəstiŋ] [인터레스팅]

형 흥미로운, 관심을 끄는

This *scene is quite *interesting*.
이 *장면이 꽤 **흥미롭습니다**.　*3-Day34

*scene [siːn]
: 장면

## 10. **double** [dʌ́bl] [더블]

형 명 부 두 배 (의)(로) 동 두 배로 만들다

He paid *double* for the service.
그는 서비스에 대하여 **두배로** 돈을 지불했다.

✎ **Self Evaluation** : 빈칸에 알맞은 단어를 쓰세요.

1. Could you help me 　　　　　 the roof?
   지붕을 **칠하려고** 하는데 도와주시겠어요?

2. She walks to her 　　　　　 .
   그녀는 걸어서 **사무실로** 출근한다.

3. It 　　　　　 s us to easily find errors.
   이것은 오류를 쉽게 찾아내도록 **해 준다.**

4. I want to 　　　　　 with nice people.
   좋은 사람들과 **관계를 맺고** 싶다.

5. I watched the angel 　　　　　 s on the wall.
   벽에 그려진 천사의 **날개를** 한참 보았다.

6. My 　　　　　 s were *recovered.　*2-Day58
   내 (컴퓨터)**파일들이** 복구되었다.

7. He feeds the fish 　　　　　 a day.
   그는 하루 **한 번** 물고기에게 먹이를 준다.

8. The light 　　　　　 the table is off.
   탁자 **위의** 등이 꺼져 있다.

9. Her idea sounds 　　　　　 .
   그녀의 생각이 **흥미롭게** 들린다

10. I paid 　　　　　 to buy a ticket.
    나는 표 구입에 돈을 **두 배** 지불했다.

👉 **Self Test : 뜻을 아는 단어에 ☑ 표시하세요.**

☐ 1. **street**
   The main *street* is busy.

☐ 2. **ticket**
   Did you get a *ticket*?

☐ 3. **daughter**
   My *daughter* is back from India.

☐ 4. **spring**
   The hot *spring* is around here.

☐ 5. **driver**
   The *driver* got a speeding ticket.

☐ 6. **since**
   It has snowed *since* last night.

☐ 7. **truly**
   Her works are *truly* touching.

☐ 8. **anyway**
   It won't be long *anyway*.

☐ 9. **serious**
   It's a *serious* loss for us.

☐ 10. **living**
   What do you do for a *living*?

Day
5

📖 **Learn** : 모르는 단어 위주로 학습하세요

## 1. **street** [stri:t] [ㅅ트맅]

명거리, 도로

There is no shortcut to the main *street*.
큰 **길**까지 지름길은 따로 없습니다.

## 2. **ticket** [tíkit] [티킽]

명표(입장권, 승차권, 복권 등)

a return (one way) *ticket*
왕복(편도) 차**표**

## 3. **daughter** [dɔ́:tər] [도오터~]

명딸

My *daughter* is \*talented in music.
내 **딸**이 음악에 재능이 있습니다.

> \*talented [tǽləntid]
> : 재능있는

## 4. **spring** [spriŋ] [ㅅ프링]

명봄, 용수철, 샘 동(갑자기) 뛰어오르다

*Spring* is my favorite season.
**봄**은 내가 가장 좋아하는 계절이다.

## 5. **driver** [dráivər] [드라이버~]

명운전자

The *driver* is parking his car.
**운전자**가 주차하고 있다.

## 6. **since** [sins] [씬 쓰]

부터(이후) 그 이후로

It's a long time *since* I saw you last.
오랜만입니다. (지난번 이후 오랜만에 뵙니다.)

## 7. **truly** [trú:li] [츠루울리]

진심으로

I *truly* hope there is no problem.
아무 문제가 없기를 **진심으로** 바란다.

## 8. **anyway** [éniwèi] [에니웨이]

게다가, 어쨌든

The shirt is expensive *anyway*.
어쨌든 그 셔츠는 비싸요.

## 9. **serious** [síəriəs] [씨어리어 쓰]

심각한, 진지한

Jimmy got a *serious* injury.
지미는 **심각한** 부상을 입었다.

## 10. **living** [líviŋ] [ㄹ리빙]

살아있는 생활, 생계

The robot looks like a *living* human.
그 로봇은 **살아있는** 사람처럼 보인다.

# Self Evaluation : 빈칸에 알맞은 단어를 쓰세요.

1. The main [____] is busy.
   큰 **거리**는 혼잡하다.

2. Did you get a [____] ?
   **표**를 구하셨습니까?

3. My [____] is back from India.
   내 **딸**이 인도에서 돌아왔습니다.

4. The hot [____] is around here.
   **온천**이 이 근처에 있습니다.

5. The [____] got a speeding *ticket.
   그 **운전자**는 속도위반*딱지를 받았다.

6. It has snowed [____] last night.
   어젯밤**부터** 눈이 왔다.

7. Her works are [____] *touching. *1-Day29
   그녀의 작품들은 **진실로** 감동적이다.

8. It *won't be long [____] . *1-Day6
   **어쨌든** 오래 걸리진 않을 거예요.

9. It's a [____] *loss for us. *2-Day7
   그것은 우리에게 **심각한** 손실입니다.

10. What do you do for a [____] ?
    (생계수단으로)무슨 일을 하십니까?

## Self Evaluation : 뜻을 아는 단어에 ☑ 표시하세요.

| | | |
|---|---|---|
| ☐ 1 blood | ☐ 18 empty | ☐ 35 wing |
| ☐ 2 brush | ☐ 19 every | ☐ 36 file |
| ☐ 3 newspaper | ☐ 20 wonderful | ☐ 37 once |
| ☐ 4 grandmother | ☐ 21 lake | ☐ 38 above |
| ☐ 5 bridge | ☐ 22 event | ☐ 39 interesting |
| ☐ 6 mix | ☐ 23 trip | ☐ 40 double |
| ☐ 7 ride | ☐ 24 sign | ☐ 41 street |
| ☐ 8 quite | ☐ 25 belt | ☐ 42 ticket |
| ☐ 9 maybe | ☐ 26 anything | ☐ 43 daughter |
| ☐ 10 dark | ☐ 27 carry | ☐ 44 spring |
| ☐ 11 voice | ☐ 28 kick | ☐ 45 driver |
| ☐ 12 stage | ☐ 29 later | ☐ 46 since |
| ☐ 13 screen | ☐ 30 heavy | ☐ 47 truly |
| ☐ 14 glass | ☐ 31 paint | ☐ 48 anyway |
| ☐ 15 doctor | ☐ 32 office | ☐ 49 serious |
| ☐ 16 without | ☐ 33 enable | ☐ 50 living |
| ☐ 17 anywhere | ☐ 34 engage | |

배운 단어를 얼마나 기억하세요? 정답은 36page 참조
• 맞은 갯수 30개 이하: 수고하셨어요. 한 번만 더 복습^^
• 맞은 갯수 30개 이상: OK! 어려운 단어 복습
• 맞은 갯수 40개 이상: Very Good!!

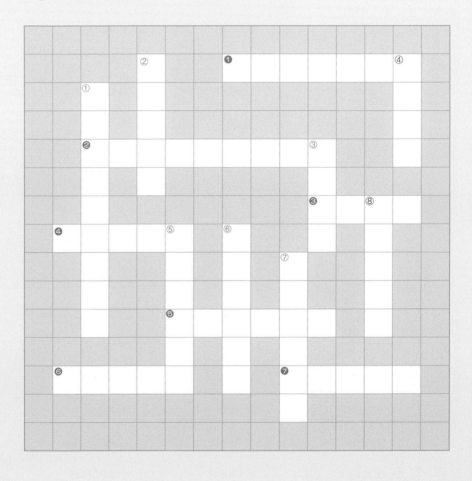

## Self Evaluation : 빈칸을 채워 보세요.

## 🔑 [세로열쇠]

① I read a want ad in the [_____].

② Could you help me [_____] the roof?

③ There is a villa by the [_____].

④ How was your [_____]?

⑤ It [_____]s us to easily find errors.

⑥ She walks to her [_____].

⑦ I want to [_____] with nice people.

⑧ Could you help me [_____] this box?

## ⚷ [가로열쇠]

❶ He finished it [_____] any trouble.

❷ His speech was [_____].

❸ The boys are [_____]ing a ball on the ground.

❹ [_____] she will return home next month.

❺ This [_____] will be open next week.

❻ The light [_____] the table is off.

❼ I left my [_____]es in the room.

## Self Evaluation : 뜻 해석

| | | |
|---|---|---|
| 1 피 | 18 비어있는 | 35 날개 |
| 2 붓 | 19 모든 | 36 서류철 |
| 3 신문 | 20 훌륭한 | 37 한 번(때) |
| 4 할머니 | 21 호수 | 38 …보다 위에 |
| 5 (건너는) 다리 | 22 사건, 행사 | 39 흥미로운, 관심을 끄는 |
| 6 섞(이)다 | 23 여행 | 40 두 배(의) |
| 7 타다, 타기 | 24 징후, 신호 | 41 거리 |
| 8 꽤, 상당히 | 25 (허리)띠, 벨트 | 42 표 |
| 9 아마, 어쩌면 | 26 무엇(이든) | 43 딸 |
| 10 어두운, 캄캄한 | 27 나르다, 휴대하다 | 44 봄, 용수철 |
| 11 목소리 | 28 (발로) 차다 | 45 운전자 |
| 12 단계, 무대 | 29 나중에(의) | 46 …부터(이후) |
| 13 화면 | 30 무거운 | 47 진심으로 |
| 14 유리(잔) | 31 색칠하다 | 48 게다가, 어쨌든 |
| 15 의사 | 32 사무실 | 49 심각한 |
| 16 …없이 | 33 …을 할 수 있게 하다 | 50 살아있는, 생활 |
| 17 어디에(든) | 34 관계를 맺다, 맺게 하다 | |

왕초보 탈출 영단어 ABC

# 영단어
## 기본 다지기 Level 2

*Day
06 ~ 10

이번 주에 배울 단어를 미리 살펴보세요!

| | | | | |
|---|---|---|---|---|
| 1 whoever | 11 lesson | 21 distance | 31 muscle | 41 death |
| 2 bench | 12 post | 22 contact | 32 minute | 42 link |
| 3 ice | 13 loss | 23 angle | 33 shot | 43 housing |
| 4 pot | 14 dot | 24 effort | 34 taste | 44 weight |
| 5 wave | 15 something | 25 stop | 35 seem | 45 drop |
| 6 north | 16 relax | 26 enter | 36 jump | 46 burn |
| 7 lose | 17 fix | 27 before | 37 worry | 47 pack |
| 8 lift | 18 yet | 28 totally | 38 impossible | 48 within |
| 9 hardly | 19 known | 29 final | 39 difficult | 49 helpful |
| 10 near | 20 basic | 30 scared | 40 perfectly | 50 electronic |

☞ **Self Test** : 뜻을 아는 단어에 ☑ 표시하세요.

- [ ] 1. **whoever**
  I'll give a coupon to *whoever* wants it.

- [ ] 2. **bench**
  Shall we sit on the *bench*?

- [ ] 3. **ice**
  Put an *ice* pack on the leg.

- [ ] 4. **pot**
  I need a big-sized *pot*.

- [ ] 5. **wave**
  He *wave*d his cap and shouted.

- [ ] 6. **north**
  The building is facing *north*.

- [ ] 7. **lose**
  We have no time to *lose*.

- [ ] 8. **lift**
  Could you please give me a *lift*?

- [ ] 9. **hardly**
  I can *hardly* solve this problem.

- [ ] 10. **near**
  I live *near* my office.

Day
6

**Learn** : 모르는 단어 위주로 학습하세요

## 1. **whoever** [huːévər] [후에버]

때 누구든지

Ask *whoever* is staying here.
이곳에서 지내고 있는 **누구에게나** 물어보십시오.

## 2. **bench** [bentʃ] [벤취]

명 긴 의자, 벤치

The players are waiting on the *bench*.
선수들이 **벤치**에서 대기하고 있다.

## 3. **ice** [ais] [아이씨]

명 얼음

Could you get me some *ice* water?
**얼음물** 좀 주시겠어요?

## 4. **pot** [pat] [팥]

명 냄비, 항아리

Heat the oil in the *pot*.
**냄비**에 기름을 넣고 가열하세요.

## 5. **wave** [weiv] [웨이브]

명 파도 동 흔들다

The *wave*s are too strong to leave.
출발하기에는 **파도**가 너무 세다.

## 6. **north** [nɔːrθ] [노오~ㅆ]

뗑톙붑북쪽(의, 에서, 으로)

Go *north* along this street.
이 길을 따라 **북쪽으로** 가세요.

## 7. **lose** [luːz] [ㄹ루우ㅈ]

똉잃다, (시합에서)패하다

He *lost* the match *on purpose.
그는 시합에서 일부러 **져** 주었다.

**Tip!**
*lost: 'lose'의 과거형
*on purpose: 고의로

## 8. **lift** [lift] [ㄹ맆트]

똉올리다 뗑승강기, 타기

I need to *lift* my package.
짐을 **들어 올려야** 해요.

## 9. **hardly** [hàːrdli] [하~들리]

붑거의 …아니다

I can *hardly* wait for it.
정말 **못** 기다리겠어요.

## 10. **near** [niər] [니어~]

톙가까운 젼…에서 가까이

People gathered *near* the speaker.
사람들이 연설자 **근처로** 모였다.

✎ **Self Evaluation** : 빈칸에 알맞은 단어를 쓰세요.

1. I'll give a coupon to [          ] wants it.
   원하는 분 모두에게 쿠폰을 드리겠습니다.

2. Shall we sit on the [          ] ?
   우리 벤치에 앉을까요?

3. Put an [          ] pack on the leg.
   얼음주머니로 다리를 찜질해 주세요.

4. I need a big-sized [          ].
   나는 큰 냄비가 필요하다.

5. He [          ]d his cap and shouted.
   그는 모자를 흔들며 외쳤다.

6. The building is facing [          ].
   건물이 북향입니다.

7. We have no time to [          ].
   낭비할 시간이 없습니다.

8. Could you please give me a [          ] ?
   동승해도 될까요(태워 주시겠어요)?

9. I can [          ] solve this problem.
   난 이 문제를 도무지 풀지 못하겠어요.

10. I live [          ] my office.
    사무실 근처에서 살고 있습니다.

□ 1. **lesson**

My swimming *lesson* ends at three.

□ 2. **post**

I *post*ed the places on the board.

□ 3. **loss**

I'm not afraid of a *loss*.

□ 4. **dot**

Draw on the *dot*ted line.

□ 5. **something**

I need *something* to write on.

□ 6. **relax**

Have a day off and *relax*.

□ 7. **fix**

He helped me *fix* the sink.

□ 8. **yet**

My kids are not home *yet*.

□ 9. **known**

He is *known* as a singer.

□ 10. **basic**

We should keep the *basic* rules.

Day
7

**Learn** : 모르는 단어 위주로 학습하세요

## 1. **lesson** [lésn] [ㄹ레쓴]

> 명수업, 과, 교훈
>
> Today's *lesson* is about love.
> 오늘의 **수업**은 사랑에 관한 것입니다.

## 2. **post** [poust] [포스트]

> 명우편, 기둥 통발송하다, 게시하다
>
> The *post* hasn't arrived yet.
> **우편물**이 아직 도착하지 않았다.

## 3. **loss** [lɔːs] [ㄹ로쎄]

> 명손해, 상실
>
> Don't worry about the *data *loss*.　*1권-Day21*
> *자료 **손실**은 걱정하지 마세요.

## 4. **dot** [dat] [닽]

> 명통점(을 찍다)
>
> I marked it with red *dot*s.
> 빨간색 **점**으로 표시해 놓았습니다.

## 5. **something** [sʌ́mθiŋ] [썸씽]

> 대어떤 것
>
> I need *something* lighter.
> 좀 더 가벼운 **것**이 필요합니다.

## 6. relax [rilǽks] [릴렉ㅆ]

통휴식을 취하다, 긴장을 풀다

Please *relax* with nature.
자연과 더불어 **휴식하세요**.

## 7. fix [fiks] [픽ㅆ]

통고정하다, 수리하다

They *fix*ed the rent at $400 a month.
그들은 집세를 월 400달러로 **정했다**.

## 8. yet [jet] [옐]

부아직 접그렇지만

Mr. Kim is not in *yet*.
미스터 김은 **아직** 출근하지 않았습니다.

Day
7

## 9. known [noun] [노운]

형알려진

a well *known* fashion designer
**유명한** 패션 디자이너

## 10. basic [béisik] [베이씩]

형기본적인

Tell me your *basic* ideas.
당신의 **기본적인** 생각을 말씀해 주십시오.

# ✏ Self Evaluation : 빈칸에 알맞은 단어를 쓰세요.

1. My swimming ⬚ ends at three.
   수영 강습이 3시에 끝난다.

2. I ⬚ ed the places on the board.
   장소들을 게시판에 게시했습니다.

3. I'm not afraid of a ⬚ .
   손해 보는 것은 두렵지 않아요.

4. Draw on the ⬚ ted line.
   점선을 따라 그리세요.

   *dotted
   : 점이 찍힌 [dάtid]

5. I need ⬚ to write on.
   적을 수 있는 (용지 같은)것이 필요합니다.

6. *Have a day off and ⬚ .
   하루 일터에 나가지 말고 쉬세요.

   *have a day off
   : 근무를 하루 쉬다

7. He helped me ⬚ the sink.
   그는 세면대 고치는 것을 도와주었다.

8. My kids are not home ⬚ .
   아이들이 아직 집에 오지 않았다.

9. He is ⬚ as a singer.
   그는 가수로 알려져 있다.

10. We should keep the ⬚ rules.
    우리는 기본 규칙들을 지켜야 합니다.

Self Test : 뜻을 아는 단어에 ☑ 표시하세요.

☐ 1. **distance**
They walked a long *distance* together.

☐ 2. **contact**
*Contact* me by email anytime.

☐ 3. **angle**
Let's look at this from a different *angle*.

☐ 4. **effort**
Our *effort*s will pay off.

☐ 5. **stop**
I *stop*ped by a bookstore for a moment.

☐ 6. **enter**
She *enter*ed into a jump-rope contest.

☐ 7. **before**
Drink this tea *before* it gets cold.

☐ 8. **totally**
It *totally* slipped my mind.

☐ 9. **final**
There is a concert on the *final* day.

☐ 10. **scared**
I'm *scared* to go out at night.

Day
8

📖 **Learn** : 모르는 단어 위주로 학습하세요

## 1. **distance** [dístəns] [디스턴씨]

　명 (공간, 시간상 떨어진)거리

　I heard a sound in the *distance*.
　멀리서 어떤 소리를 들었다.

## 2. **contact** [kàntǽkt] [컨텍트]

　명 동 연락, 접촉(하다)

　have (lost) *contact* with her
　그녀와 **연락**하고 지낸다(연락이 끊겼다)

## 3. **angle** [ǽŋgl] [앵글]

　명 각도

　Try to fix the camera *angle*.
　카메라 **앵글**(각도)을 잡아보세요.

## 4. **effort** [éfərt] [에퍼~트]

　명 노력

　All the *effort*s is for nothing.
　모든 **노력**이 허사가 되었다.

## 5. **stop** [stap] [ㅅ탚]

　동 멈추다 명 멈춤, 정류장

　Let's *stop* for a cup of coffee.
　잠시 쉬고 커피 한 잔 합시다.

## 6. enter [éntər] [엔터~]

동들어가다, (컴퓨터로) 입력하다

She *enter*ed a company last month.
그녀는 지난 달 **입사**했다.

## 7. before [bifɔ́ːr] [비포~]

접···하기 전에 전부···의 앞에

He left the hospital *before* 3 o'clock.
그는 3시 **이전에** 퇴원했다.

## 8. totally [tóutəli] [토틀리]

부완전히

I *totally* agree with your idea.
당신 생각에 **전적으로** 동의합니다.

## 9. final [fáinl] [파이늘]

형마지막의

She passed the *final* interview.
그녀는 **최종** 심사에 통과했다.

## 10. scared [skɛərd] [ㅅ케어~드]

형겁먹은

I am *scared* of the waves.
파도가 **무서워요**.

✎ **Self Evaluation** : 빈칸에 알맞은 단어를 쓰세요.

1. They walked a long [ ] together.
   그들은 함께 먼 거리를 걸었다.

2. [ ] me by email anytime.
   이메일로 아무 때나 연락 주세요.

3. Let's look at this from a different [ ].
   다른 각도에서 한번 봅시다.

4. Our [ ]s will *pay off.
   우리의 노력이 성과가 있을 것입니다.

   ✎ *pay off
   : 성과를 올리다

5. I [ ]ped by a bookstore for a moment.
   서점에 잠깐 들렀어요.

6. She [ ]ed into a jump-rope contest.
   그녀는 줄넘기 대회에 참가했다.

7. Drink this tea [ ] it gets cold.
   식기 전에 차 드세요.

8. It [ ] slipped my mind.
   완전히 깜박 잊어버렸다.

9. There is a concert on the [ ] day.
   마지막 날에 연주회가 있다.

10. I'm [ ] to go out at night.
    밤에 외출하는 것이 겁이 납니다.

Self Test : 뜻을 아는 단어에 ☑ 표시하세요.

☐ 1. **muscle**

I've pulled my neck *muscle*s.

☐ 2. **minute**

I'll be ready in 5 *minute*s.

☐ 3. **shot**

You should get a flu *shot*.

☐ 4. **taste**

She has great *taste* in fashion.

☐ 5. **seem**

It *seem*s to be large on you.

☐ 6. **jump**

*Jump* at the chance!

☐ 7. **worry**

Don't *worry* about their demands.

☐ 8. **impossible**

It's *impossible* to do all at once.

☐ 9. **difficult**

It is *difficult* to explain at the moment.

☐ 10. **perfectly**

He carried it out *perfectly*.

Day
9

📖 **Learn** : 모르는 단어 위주로 학습하세요

## 1. **muscle** [mʌsl] [머쓸]

명 근육

\* Warm up for your *muscle*s.
준비 운동으로 **근육**을 풀어주세요. *1-Day49*

## 2. **minute** [mínit] [미닡]

명 (시간)분, 순간 형 극미한

I'll be right back in a *minute*.
**금방** 돌아올게요.

## 3. **shot** [ʃat] [샽]

명 발사, 촬영, 주사

Show me some *shot*s of the sample.
견본 **사진**들을 보여주세요.

> **Tip!**
> • 'shot'으로 말하기!
> – a nice dunk 'shot'
> 　멋진 덩크 슛
> – He fired a 'shot'
> 　그가 한 발을 쏘았다.
> – I got a 'shot'
> 　주사를 맞았어요.

## 4. **taste** [teist] [테이ㅅ트]

명 맛, 기호 동 맛이 나다(을 보다)

It *taste*s (good / sour / salty).
**맛**이 (좋다 / 시다 / 짜다).

## 5. **seem** [si:m] [씨임]

동 …인 것 같다

He *seem*s \*kind of open minded
그는 마음이 넓은 **것 같다**.

> \*kind of:
> : 약간, 어느 정도

## 6. **jump** [dʒʌmp] [쩜ㅍ]

图뛰다 图뜀질, 급상승(물가 등)

The cat *jump*ed over the fence.
고양이가 울타리를 뛰어 넘었다.

## 7. **worry** [wə́:ri] [워어리]

图图걱정(하다)

I'm *worri*ed about his health.
그의 건강이 **염려됩니다**.

## 8. **impossible** [impàsəbl] [임파쓰블]

图불가능한

This test is *impossible* to pass.
이번 시험은 통과하기가 **불가능하다**.

## 9. **difficult** [dífikʌlt] [디피컬ㅌ]

图어려운, 힘든

I don't want you to do *difficult* jobs.
당신이 **힘든** 일은 안 했으면 합니다.

## 10. **perfectly** [pə́:rfiktli] [퍼~픽틀리]

图완전히, 완벽하게

She *remembered the story *perfectly*.
그녀는 이야기를 완벽하게 외웠다.　*1-Day40*

✏ **Self Evaluation** : 빈칸에 알맞은 단어를 쓰세요.

1. I've pulled my neck ⬚s.
   목 근육이 결린다.

2. I'll be ready in 5 ⬚s.
   5분이면 준비됩니다.

3. You should get a *flu ⬚.
   *독감 예방 주사를 맞으세요.

4. She has great ⬚ in fashion.
   그녀는 패션 감각이 좋습니다.

5. It ⬚s to be large on you.
   당신한테 좀 큰 것 같습니다.

6. ⬚ at the chance!
   기회를 잡으세요!

7. Don't ⬚ about their *demands.　*1-Day53
   그들의 요구에 대하여 걱정하지 마세요.

8. It's ⬚ to do all at once.
   한 번에 모든 것을 다 하기는 불가능하다.
   📎 *at the moment
   　: 지금

9. It is ⬚ to explain *at the moment.
   지금은 설명하기가 어렵다.

10. He *carried it out ⬚.
    그는 그 일을 완벽히 수행했다.
    ✏ *carry out
    　: 수행하다

**Self Test** : 뜻을 아는 단어에 ☑ 표시하세요.

☐ 1. **death**
He was never afraid of *death*.

☐ 2. **link**
The railway will *link* these two cities.

☐ 3. **housing**
The *housing* problem was solved.

☐ 4. **weight**
try to maintain (my) *weight*

☐ 5. **drop**
*Drop* me off at the library.

☐ 6. **burn**
The wood is *burn*ing in the stove.

☐ 7. **pack**
Could you *pack* these oranges?

☐ 8. **within**
I can finish it *within* a half an hour.

☐ 9. **helpful**
Your new idea is really *helpful*.

☐ 10. **electronic**
*Electronic* devices are not allowed here.

Day
10

**Learn** : 모르는 단어 위주로 학습하세요

## 1. **death** [deθ] [데쓰]

명죽음

This book is about life after *death*.
이 책은 **사**후 세계에 관한 것이다.

## 2. **link** [liŋk] [ㄹ링ㅋ]

명유대, 관계 동…을 연결하다

Stress is closely *link*ed to our health.
스트레스는 건강과 밀접한 **연관이 있다**.

## 3. **housing** [háuziŋ] [하우징]

명주택, 주거

provide *housing* / develop a *housing* site
**주택을 공급하다 / 택지를 개발하다**

## 4. **weight** [weit] [웨잍ㅌ]

명무게, 추, 역기

I (put on / lost) *weight*.
**체중이 (늘었다/줄었다)**.

## 5. **drop** [drap] [드랖]

동떨어지다, 떨어뜨리다 명방울, 하락

Oil prices haven't *drop*ped recently.
최근 유가는 **하락**하지 않았다.

6. **burn** [bəːrn] [버~언]

　　圄불에 타다, 태우다 圕화상
　　You got a sun *burn* on your arms.
　　당신의 팔이 햇볕에 **탔어요**.

7. **pack** [pæk] [팩]

　　圄(짐을)싸다, 포장하다 圕묶음
　　How much is a *pack* of cookies?
　　쿠키 한 **봉지**에 얼마입니까?

8. **within** [wiðín] [위딘]

　　圂이내에 圎안쪽에서
　　Bring it back *within* a week.
　　일주일 **이내로** 도로 가져오세요.

9. **helpful** [helpfl] [헬ㅍ풀]

　　圀도움이 되는
　　I'm looking for some *helpful* photos.
　　**도움이 될** 만한 사진들을 찾고 있어요.

10. **electronic** [ilektrànik] [일렉트**라**닉]

　　圀전자의
　　They sell *electronic* products, too.
　　그들은 **전자**제품도 판매합니다.

Day
10

## Self Evaluation : 빈칸에 알맞은 단어를 쓰세요.

1. He was never afraid of ⬚.
   그는 결코 **죽음**을 두려워하지 않았다.

2. The railway will ⬚ these two cities.
   철도가 이 두 도시를 **연결**할 것이다.

3. The ⬚ problem was solved.
   **주택**문제는 해결되었다.

4. try to maintain (my) ⬚
   **체중**을 유지하기 위해 노력하다.

5. ⬚ me off at the library.
   도서관 앞에서 저를 **내려 주세요**.

6. The wood is ⬚ing in the stove.
   나무가 난로에서 **타오르고** 있다.

7. Could you ⬚ these oranges?
   이 오렌지들을 **포장해** 주시겠어요?

8. I can finish it ⬚ a half an hour.
   나는 그것을 30분 **이내에** 끝낼 수 있다.

9. Your new idea is really ⬚.
   당신의 새로운 아이디어가 정말 **도움이 됩니다**.

10. ⬚ devices are not allowed here.
    이곳에서는 **전자기기**(사용이)가 허용되지 않는다.

☀ **Self Evaluation** : 뜻을 아는 단어에 ☑ 표시하세요.

| | | |
|---|---|---|
| ☐ 1 whoever | ☐ 18 yet | ☐ 35 seem |
| ☐ 2 bench | ☐ 19 known | ☐ 36 jump |
| ☐ 3 ice | ☐ 20 basic | ☐ 37 worry |
| ☐ 4 pot | ☐ 21 distance | ☐ 38 impossible |
| ☐ 5 wave | ☐ 22 contact | ☐ 39 difficult |
| ☐ 6 north | ☐ 23 angle | ☐ 40 perfectly |
| ☐ 7 lose | ☐ 24 effort | ☐ 41 death |
| ☐ 8 lift | ☐ 25 stop | ☐ 42 link |
| ☐ 9 hardly | ☐ 26 enter | ☐ 43 housing |
| ☐ 10 near | ☐ 27 before | ☐ 44 weight |
| ☐ 11 lesson | ☐ 28 totally | ☐ 45 drop |
| ☐ 12 post | ☐ 29 final | ☐ 46 burn |
| ☐ 13 loss | ☐ 30 scared | ☐ 47 pack |
| ☐ 14 dot | ☐ 31 muscle | ☐ 48 within |
| ☐ 15 something | ☐ 32 minute | ☐ 49 helpful |
| ☐ 16 relax | ☐ 33 shot | ☐ 50 electronic |
| ☐ 17 fix | ☐ 34 taste | |

배운 단어를 얼마나 기억하세요? 정답은 62page 참조
• 맞은 갯수 30개 이하: 수고하셨어요. 한 번만 더 복습^^
• 맞은 갯수 30개 이상: OK! 어려운 단어 복습
• 맞은 갯수 40개 이상: Very Good!!

## Review 2 — 영단어 기본 다지기 Level 2

*한 차원 높은 사고력!

## 🔑 Self Evaluation : 빈칸을 채워 보세요.

[가로열쇠]

①minute ②pack ③something ④shot ⑤lesson ⑥drop ⑦enter
⑧wave ⑨worry

[세로열쇠]

❶impossible ❷muscle ❸jump ❹stop ❺known ❻weight ❼burn
❽post ❾hardly ❿scared

## 🔑 [세로열쇠]

① I'll be ready in 5 [_____]s.

② Could you [_____] these oranges?

③ I need [_____] to write on.

④ You should get a flu [_____].

⑤ My swimming [_____] ends at three.

⑥ [_____] me off at the library.

⑦ She [_____]ed into a jump-rope contest.

⑧ The [_____]s are too strong to leave today.

⑨ Don't [_____] about their demands.

## 🔑 [가로열쇠]

❶ It's [_____] to do all at once.

❷ I've pulled my neck [_____]s.

❸ [_____] at the chance.

❹ I [_____]ped by a bookstore for a moment.

❺ He is [_____] as a singer.

❻ try to maintain (my) [_____]

❼ The wood is [_____]ing in the stove.

❽ I [_____]ed the places on the board.

❾ I can [_____] solve this problem.

❿ I'm [_____] to go out at night.

**Review 2**

영단어 기본 다지기 | Level 2

*한 차원 높은 사고력!

## Self Evaluation : 뜻 해석

| | | |
|---|---|---|
| 1 누구든지 | 18 아직 | 35 …인 것 같다 |
| 2 긴 의자, 벤치 | 19 알려진 | 36 뛰다, 급상승 |
| 3 얼음 | 20 기본적인 | 37 걱정하다 |
| 4 냄비, 항아리 | 21 거리 | 38 불가능한 |
| 5 파도 | 22 연락, 접촉(하다) | 39 어려운, 힘든 |
| 6 북쪽 | 23 각도 | 40 완전히, 완벽하게 |
| 7 잃다, 패하다 | 24 노력 | 41 죽음 |
| 8 올리다, 타기 | 25 멈추다, 멈춤 | 42 유대, 관계 |
| 9 거의 …아니다 | 26 들어가다 | 43 주택, 주거 |
| 10 가까운 | 27 …하기 전에 | 44 무게 |
| 11 수업, 과 | 28 완전히 | 45 떨어지다 |
| 12 우편, 게시하다 | 29 마지막의 | 46 불에 타다, 태우다 |
| 13 손해, 상실 | 30 겁먹은 | 47 (짐을)싸다, 포장하다 |
| 14 점(을 찍다) | 31 근육 | 48 이내에 |
| 15 어떤 것 | 32 (시간)분, 순간 | 49 도움이 되는 |
| 16 휴식을 취하다, 긴장을 풀다 | 33 발사, 촬영, 주사 | 50 전자의 |
| 17 고정하다, 고치다 | 34 맛[이 나다], 기호 | |

왕초보 탈출 영단어 **ABC**

# 영단어
## 기본 다지기 Level 2

\*Day
**11** ~ **15**

이번 주에 배울 단어를 미리 살펴보세요!

| | | | | |
|---|---|---|---|---|
| 1 perform | 11 finish | 21 bear | 31 walk | 41 pick |
| 2 support | 12 identify | 22 continue | 32 build | 42 believe |
| 3 direction | 13 rock | 23 wash | 33 scale | 43 room |
| 4 strategy | 14 salt | 24 goal | 34 firm | 44 article |
| 5 technology | 15 university | 25 purpose | 35 income | 45 department |
| 6 truth | 16 feature | 26 question | 36 profit | 46 difference |
| 7 constantly | 17 head | 27 growth | 37 immediately | 47 road |
| 8 sell | 18 material | 28 soon | 38 properly | 48 cycle |
| 9 positive | 19 finally | 29 ahead | 39 secure | 49 relative |
| 10 correct | 20 creative | 30 glad | 40 sharp | 50 adventure |

☞ **Self Test** : 뜻을 아는 단어에 ☑ 표시하세요.

□ 1. **perform**
*perform* one's duty/a task

□ 2. **support**
The event is *support*ed by the city.

□ 3. **direction**
She's good at *direction*s.

□ 4. **strategy**
What do you think of our *strategy*?

□ 5. **technology**
develop/share a new *technology*

□ 6. **truth**
The rumor proved the *truth*.

□ 7. **constantly**
Stock prices are rising *constantly*.

□ 8. **sell**
Do you *sell* this item too?

□ 9. **positive**
The result of the meeting is *positive*.

10. **correct**
My watch is *correct*.

**Learn** : 모르는 단어 위주로 학습하세요

## 1. **perform** [pərfɔ́:rm] [퍼포~엄]

동 수행하다, 공연하다

The actor is ready to *perform*.
그 배우는 **공연**할 준비가 되어있습니다.

## 2. **support** [səpɔ́:rt] [써포~트]

명동 지원. 지지(하다), 부양(하다)

We will keep *support*ing you.
우리는 당신을 계속 **지원**할 것입니다.

## 3. **direction** [dirékʃən] [디렉션]

명 방향, 지휘

go in the same/wrong *direction*
같은/잘못된 **방향**으로 가다.

## 4. **strategy** [strǽtədʒi] [스트래터지]

명 전략, 계획

(set / try) another *strategy*
다른 **전략**을 (수립 / 시도하다)

## 5. **technology** [teknálədʒi] [테크날러지]

명 (과학)기술

*Technology* is changing our lives.
과학 기술이 우리의 삶을 변화시키고 있다.

## 6. truth [tru:θ] [트루ㅆ]

명진실

I wonder which one is the *truth*.
나는 무엇이 **진실**인지 모르겠어요.

## 7. constantly [kánstəntli] [칸ㅅ턴틀리]

부끊임없이

He is challenging *constantly*.
그는 **끊임없이** 도전하고 있다.

## 8. sell [sel] [쎌]

동…을 팔다

We're *sell*ing it for $10.
우리는 그것을 10달러에 **팔고** 있습니다.

## 9. positive [pázətiv] [파저티브]

형긍정적인 명양성 반응

a *positive* [response / action]
**긍정적인** [반응 / 조치]

## 10. correct [kərékt] [커~렉ㅌ]

형정확한 동바로잡다

*Correct* the errors!
**틀린** 것들을 **수정**하십시오!

## ✎ Self Evaluation : 빈칸에 알맞은 단어를 쓰세요.

1. _____ one's duty/a task
   의무를/작업을 **이행하다**.

2. The event is _____ ed by the city.
   이 행사는 시의 **지원**을 받는다.

3. She's good at _____ s.
   그녀는 길 눈이 밝다. (**방향** 감각이 좋다)

4. What do you think of our _____ ?
   우리의 **전략**에 대하여 어떻게 생각하십니까?

5. develop/share a new _____
   신 **기술**을 개발/공유하다.

6. The rumor *proved the _____ .
   그 소문은 **진실**임이 *증명되었다.

7. Stock prices are rising _____ .
   주가가 **끊임없이** 오르고 있다.

8. Do you _____ this item too?
   이 물품도 **판매합니까**?

9. The result of the meeting is _____ .
   회의의 결과가 **긍정적**이다.

10. My watch is _____ .
    내 시계가 **정확**하다.

☞ **Self Test** : 뜻을 아는 단어에 ☑ 표시하세요.

☐ 1. **finish**
It'll take three days to *finish*.

☐ 2. **identify**
*identify* useful data

☐ 3. **rock**
a flower between the *rock*s

☐ 4. **salt**
Would you please pass me the *salt*?

☐ 5. **university**
apply to a *university*

☐ 6. **feature**
This drama has a strong *feature*.

☐ 7. **head**
He works at the *head* office.

☐ 8. **material**
This dress *material* is unique.

☐ 9. **finally**
I *finally* overtook the truck.

☐ 10. **creative**
teach children in a *creative* way

**Learn** : 모르는 단어 위주로 학습하세요

## 1. **finish** [fíniʃ] [피니쉬]

동끝나[내]다

Can you wait for me to *finish*?
일이 **끝날** 때까지 기다려 주실 수 있습니까?

## 2. **identify** [aidéntəfài] [아이덴ㅌ파이]]

동확인하다, 알아보다

Please *identify* yourself.
본인 **확인**을 부탁드립니다.

## 3. **rock** [rak] [락]

명암석, 록(음악) 동뒤흔들다

The leaves fell onto the *rock*s.
나뭇잎들이 **바위** 위로 떨어졌다.

## 4. **salt** [sɔːlt] [쏠ㅌ]

명소금

add more *salt* to the food
음식에 **소금을** 더 넣다

## 5. **university** [jùːnəvə́ːrsəti] [유니버~쓰티]

명대학

(enter / attend) a *university*
**대학**에 들어가다/다니다.

## 6. feature [fíːʃər] [피이처~]

명 특징, 생김새　동 특징을 이루다

She has beautiful *feature*s.
그녀는 아름다운 **외모**를 가졌다.

## 7. head [hed] [헤드]

명 머리, 상석　동 향하다, 이끌다

Do you feel a pain in your *head*?
**머리**에 통증을 느낍니까?

## 8. material [mətíəriəl] [머티어리을]

명 재료, 소재

collect the teaching *material*s
수업 **자료**들을 수집하다.

## 9. finally [fáinəli] [파이늘리]

부 마침내

*Finally* the boy was saved.
**마침내** 소년이 구조되었다.

## 10. creative [kriéitiv] [크리에이티브]

형 창조적인

He developed a *creative* idea.
그는 **독창적인** 아이디어를 개발했다.

### Self Evaluation : 빈칸에 알맞은 단어를 쓰세요.

1. It'll take three days to [          ].
   마치는 데 3일 걸릴 것입니다.

2. [          ] useful data
   유용한 자료를 **식별**하다.

3. a flower between the [          ]s
   **바위**틈 사이에 핀 꽃

4. Would you please pass me the [          ]?
   **소금** 좀 건네주시겠습니까?

5. *apply to a [          ]
   **대학**에 *지원하다.

6. This drama has a strong [          ].
   이 드라마는 강한 **특색**이 있다.

7. He works at the [          ] office.
   그는 **본사**에서 근무합니다.

8. This dress [          ] is *unique.
   드레스 **소재**가 *독특하다.

9. I [          ] *overtook the truck.
   **마침내** 트럭을 *따라잡았다.

10. teach children in a [          ] way
    **창의적인** 방법으로 아이들을 가르치다

☞ **Self Test** : 뜻을 아는 단어에 ☑ 표시하세요.

---

☐ 1. **bear**

I can't *bear* any more!

☐ 2. **continue**

The doctor *continue*d his study.

☐ 3. **wash**

*wash* (my) face/the dishes

☐ 4. **goal**

set / achieve a *goal*

☐ 5. **purpose**

What's the *purpose* of this trip?

☐ 6. **question**

It's only a *question* of time.

☐ 7. **growth**

expect the *growth* in sales

☐ 8. **soon**

I will run after you *soon*.

☐ 9. **ahead**

Go straight *ahead*!

☐ 10. **glad**

I'm *glad* to help you out.

**Learn** : 모르는 단어 위주로 학습하세요

## 1. **bear** [bɛər] [베어~]

통견디다, (마음에)품다, (열매를)맺다 명곰

Please *bear* in mind!
꼭 명심하세요!

## 2. **continue** [kəntínjuː] [컨티뉴]

통계속되다[하다]

We need to *continue* to check.
계속 점검해 볼 필요가 있습니다.

## 3. **wash** [waʃ] [워쉬]

통씻다, 세탁하다

Please *wash* this shirt often.
이 셔츠를 자주 세탁하세요.

## 4. **goal** [goul] [고울]

명득점, 목표

It's Miranda's *goal* to be a photographer.
미란다의 목표는 사진작가가 되는 것입니다.

## 5. **purpose** [pə́ːrpəs] [퍼~퍼쓰]

명목적, 의도

I didn't do it *on *purpose*.
고의로 그런 것은 아닙니다.

*on purpose : 고의로

## 6. question [kwéstʃən] [퀘ㅅ츤]

명 질문 동 질문하다, 의심하다

Could you answer my *question*?
제 질문에 답해 주시겠습니까?

## 7. growth [grouθ] [그라우 ㅆ]

명 성장, 증가

How is the *growth* potential?
성장 가능성이 어떻습니까?

## 8. soon [suːn] [쑨]

부 곧, 빨리

*get well : 건강을 회복하다

He will *get well *soon*.
그는 곧 회복될 것입니다

## 9. ahead [əhéd] [어헤드]

부 앞으로, 미리

He arrived *ahead* of time.
그가 예정보다 일찍 도착했다.

## 10. glad [glæd] [글래드]

형 기쁜, 고마운

We are *glad* you could join us.
당신과 함께 할 수 있어서 기쁩니다.

## ✏️ Self Evaluation : 빈칸에 알맞은 단어를 쓰세요.

1. I can't _____ any more!
   더 이상 **참을** 수 없다.

2. The doctor _____d his study.
   박사는 연구를 **계속** 진행했다.

3. _____ (my) face/the dishes
   **세수하다** / 설거지하다(그릇을 **닦다**)

4. set / achieve a _____
   **목표**를 세우다/달성하다

5. What's the _____ of this trip?
   이번 여행의 **목적**이 무엇입니까?

6. It's only a _____ of time.
   것은 단지 시간상의 **문제일** 뿐이다.

7. *expect the _____ in sales
   매출의 **성장**을 *기대하다.

8. I will *run after you _____.
   곧 뒤쫓아 가겠습니다.

   *run after
   : 뒤쫓다

9. Go straight _____ !
   **앞으로** 곧장 가세요.

10. I'm _____ to help you out.
    당신을 돕게 되어 **기쁩니다**.

Self Test : 뜻을 아는 단어에 ☑ 표시하세요.

□ 1. **walk**
It's within 10 minutes' *walk*.

□ 2. **build**
*Build* [a bridge/ a gym]

□ 3. **scale**
weigh [something] on the *scale*

□ 4. **firm**
His *firm* belief will change his life.

□ 5. **income**
He saves half of his *income*.

□ 6. **profit**
There is no *profit*.

□ 7. **immediately**
Please email me back *immediately*.

□ 8. **properly**
This printer works *properly*.

□ 9. **secure**
Make sure if the website is *secure*.

□ 10. **sharp**
See you at ten o'clock *sharp*.

📖 **Learn** : 모르는 단어 위주로 학습하세요

## 1. **walk** [wɔːk] [웤ㅋ]

图걷다

*Walk* across the street.
걸어서 도로를 건너가세요.

## 2. **build** [bild] [빌드]

图건물을 짓다

It took a year to *build* this house.
이 집을 짓는데 1년이 걸렸습니다.

## 3. **scale** [skeil] [ㅅ케일]

图규모, 등급(척도), 저울

the *scale* of the business
사업의 규모

## 4. **firm** [fəːrm] [퍼~엄]

图회사 图딱딱한, 확고한

I got a job offer from a *firm*.
회사 한 곳에서 취업 제의를 받았다.

## 5. **income** [ínkʌm] [인컴]

图소득

decide based on *income* *figures
소득 수치에 근거하여 결정하다. *1-Day47

## 6. **profit** [práfit] [프라핕ㅌ]

몡이익, 수익

They made *profit* this year.
그들은 금년에 **이익을** 냈다.

## 7. **immediately** [imíːdiətli] [이미디어틀리]

閉당장에 쪕…하자 마자

Please send it back to me *immediately*.
즉시 저에게 다시 보내주세요.

## 8. **properly** [prápərli] [프라펄리]

閉적절히, 올바로

Wash it *properly* before use.
사용하기 전에 잘 세척하십시오.

## 9. **secure** [sikjúər] [씨큐어~]

혱안전한, 확고한 동지키다, 얻다

He got a *secure* job.
그는 안정적인 직업을 구했다.

## 10. **sharp** [ʃaːrp] [샤~ㅍ]

혱날카로운, 명확한

She has a *sharp* sense of humour.
그녀는 예리한 유머 감각을 가지고 있습니다.

🖊 **Self Evaluation** : 빈칸에 알맞은 단어를 쓰세요.

1. It's *within 10 minutes' _____.
   걸어서 10분 거리 이내에 있다. *2-Day10

2. _____ [a bridge/ a gym]
   다리를 세우다/ 체육관을 짓다

3. weigh [something] on the _____
   저울로 무게를 재다.

4. His _____ belief will change his life.
   그의 확고한 믿음은 인생을 바꿀 것이다.

5. He saves half of his _____.
   그는 소득의 반을 저축한다.

6. There is no _____.
   아무런 이득이 없습니다.

7. Please email me back _____.
   이메일로 즉시 답장 주십시오.

8. This printer works _____.
   이 인쇄기는 작동이 잘 되고 있다.

9. Make sure if the _____ is secure.
   웹사이트가 안전한지 확인하십시오.

10. See you at ten o'clock _____.
    정확히(정각)10시에 만납시다.

☞ **Self Test** : 뜻을 아는 단어에 ☑ 표시하세요.

□ 1. **pick**
Don't *pick* the flowers.

□ 2. **believe**
I *believe* she will be the leader.

□ 3. **room**
There's enough *room* for a desk.

□ 4. **article**
Have you read the *article*?

□ 5. **department**
a student of the English *department*

□ 6. **difference**
I can't tell the *difference*.

□ 7. **road**
Cross the *road* and take a taxi.

□ 8. **cycle**
She *cycle*s home every day.

□ 9. **relative**
grade on a *relative* scale

□ 10. **adventure**
The trip was an *adventure* to me.

**Learn** : 모르는 단어 위주로 학습하세요

## 1. **pick** [pik] [픽 ㅋ]

동고르다, 줍다, [꽃 등을]꺾다

I came to *pick* up the *laundry.
*세탁물을 찾으러 왔습니다.

## 2. **believe** [bilíːv] [빌리이브]

동믿다, 생각하다

He *believe*d all my words.
그는 내가 한 말을 모두 믿었다.

## 3. **room** [ruːm] [루움]

명방, 자리

Where is the dressing *room*?
탈의실이 어디에 있습니까?

## 4. **article** [áːrtikl] [아~티클]

명기사, 조항

It was reported as a main *article*.
그것은 주요 기사로 보도되었다.

## 5. **department** [dipáːrtmənt] [디파~트먼ㅌ]

명부서, 학과

Which *department* are you in?
당신은 어느 부서에 계십니까?

## 6. **difference** [dífərəns] [디퍼런쓰]

명차이

What's the *difference* in price?
가격 면에서 얼마나 **차이**가 납니까?

## 7. **road** [roud] [로(우)드]

명길, 도로

The *road* is too steep.
**도로**가 너무 가파르다.

## 8. **cycle** [sáikl] [싸이클]

명자전거, 주기, 순환

The system repeats on a *cycle*.
시스템이 일정한 **주기**로 반복된다.

## 9. **relative** [rélətiv] [렐러티브]

명친척 형상대적인

He is one of my *relative*s.
그는 나의 **친척**입니다.

## 10. **adventure** [əd|ventʃə(r)] [어ㄷ벤처~]

명모험(심)

This story is full of *adventure*.
이 소설은 **모험**으로 가득하다.

✏️ **Self Evaluation** : 빈칸에 알맞은 단어를 쓰세요.

1. Don't ☐ the flowers.
   꽃을 꺾지 마세요.

2. I ☐ she will be the leader.
   나는 그녀가 지도자가 되리라 **믿어요**.

3. There's enough ☐ for a desk.
   책상을 놓을 **공간**이 충분합니다.

4. Have you read the ☐ ?
   **기사** 읽어보셨어요?

5. a student of the English ☐
   영문과 학생

6. I can't tell the ☐ .
   **차이점**을 말하지 못하겠습니다. (구분이 어렵습니다)

7. Cross the ☐ and take a taxi.
   **길(도로)**을 건넌 후 택시를 타십시오.

8. She ☐ s home every day.
   그녀는 **자전거를 타고** 매일 집에 간다.

9. grade on a ☐ *scale
   **상대평가로** 채점하다  *2-Day14

10. The trip was an ☐ to me.
    그 여행은 나에게 **모험**이었습니다.

## Self Evaluation : 뜻을 아는 단어에 ☑ 표시하세요.

☐ 1 perform
☐ 2 support
☐ 3 direction
☐ 4 strategy
☐ 5 technology
☐ 6 truth
☐ 7 constantly
☐ 8 sell
☐ 9 positive
☐ 10 correct
☐ 11 finish
☐ 12 identify
☐ 13 rock
☐ 14 salt
☐ 15 university
☐ 16 feature
☐ 17 head

☐ 18 material
☐ 19 finally
☐ 20 creative
☐ 21 bear
☐ 22 continue
☐ 23 wash
☐ 24 goal
☐ 25 purpose
☐ 26 question
☐ 27 growth
☐ 28 soon
☐ 29 ahead
☐ 30 glad
☐ 31 walk
☐ 32 build
☐ 33 scale
☐ 34 firm

☐ 35 income
☐ 36 profit
☐ 37 immediately
☐ 38 properly
☐ 39 secure
☐ 40 sharp
☐ 41 pick
☐ 42 believe
☐ 43 room
☐ 44 article
☐ 45 department
☐ 46 difference
☐ 47 road
☐ 48 cycle
☐ 49 relative
☐ 50 adventure

Review
3

배운 단어를 얼마나 기억하세요? 정답은 88page 참조
• 맞은 갯수 30개 이하: 수고하셨어요. 한 번만 더 복습^^
• 맞은 갯수 30개 이상: OK! 어려운 단어 복습
• 맞은 갯수 40개 이상: Very Good!!

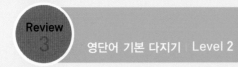

# Review 3

영단어 기본 다지기 | Level 2

*한 차원 높은 사고력!

🔑 **Self Evaluation** : 빈칸을 채워 보세요.

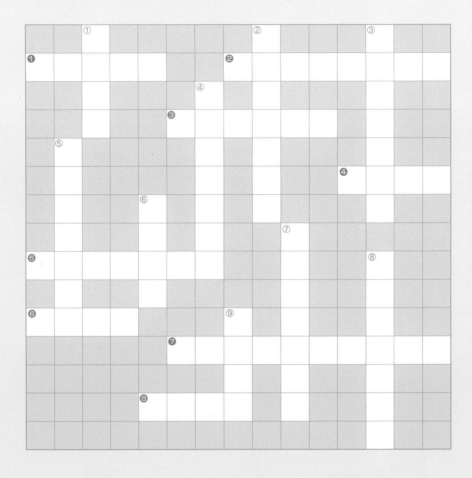

[세로열쇠]
①wash ②perform ③finally ④article ⑤feature ⑥soon ⑦correct
⑧believe ⑨firm

[가로열쇠]
❶scale ❷relative ❸profit ❹glad ❺purpose ❻sell ❼university
❽room

## 🔑 [세로열쇠]

① Please ⬚ this shirt often.

② The actor is ready to ⬚ .

③ ⬚ the boy was saved.

④ It was reported as a main ⬚ .

⑤ She has beautiful ⬚ s.

⑥ He will get well ⬚ .

⑦ ⬚ the errors!

⑧ He ⬚ d all my words.

⑨ I got a job offer from a ⬚ .

## 🔑 [가로열쇠]

❶ the ⬚ of the business

❷ He is one of my ⬚ s.

❸ They made ⬚ this year.

❹ We are ⬚ you could join us.

❺ I didn't do it on ⬚ .

❻ We're ⬚ ing it for $10.

❼ (enter / attend) a ⬚

❽ Where is the dressing ⬚ ?

## ☀ Self Evaluation : 뜻 해석

| | | |
|---|---|---|
| 1 수행하다, 공연하다 | 18 재료, 소재 | 35 소득 |
| 2 지원, 부양(하다) | 19 마침내 | 36 이익, 수익 |
| 3 방향 | 20 창조적인 | 37 당장에 |
| 4 전략, 계획 | 21 견디다, 품다 | 38 적절히, 올바로 |
| 5 (과학)기술 | 22 계속되다[하다] | 39 안전한, 지키다 |
| 6 진실 | 23 씻다, 세탁하다 | 40 날카로운, 명확한 |
| 7 끊임없이 | 24 득점, 목표 | 41 고르다, 줍다 |
| 8 …을 팔다 | 25 목적, 의도 | 42 믿다, 생각하다 |
| 9 긍정적인 | 26 질문(하다) | 43 방, 자리 |
| 10 정확한 | 27 성장, 증가 | 44 기사, 조항 |
| 11 끝나[내]다 | 28 곧, 빨리 | 45 부서 |
| 12 확인하다, 알아보다 | 29 앞으로, 미리 | 46 차이 |
| 13 암석, 록(음악) | 30 기쁜, 고마운 | 47 길, 도로 |
| 14 소금 | 31 걷다 | 48 자전거, 주기, 순환 |
| 15 대학 | 32 건물을 짓다 | 49 친척 |
| 16 특징 | 33 규모, 등급, 저울 | 50 모험 |
| 17 머리 | 34 회사, 확고한 | |

왕초보 탈출 영단어 **ABC**

# 영단어
## 기본 다지기 Level 2

*Day
**16** ~ **20**

| | | | | |
|---|---|---|---|---|
| 1 visit | 11 write | 21 solve | 31 even | 41 express |
| 2 stay | 12 protect | 22 explain | 32 affect | 42 include |
| 3 cover | 13 issue | 23 mean | 33 avoid | 43 contribute |
| 4 audience | 14 user | 24 half | 34 break | 44 expose |
| 5 rise | 15 straight | 25 medicine | 35 advantage | 45 theory |
| 6 gift | 16 combination | 26 philosophy | 36 middle | 46 ability |
| 7 speed | 17 craft | 27 standard | 37 outside | 47 general |
| 8 imagine | 18 daily | 28 independent | 38 step | 48 proper |
| 9 system | 19 frequent | 29 regular | 39 face | 49 particular |
| 10 complex | 20 due | 30 effective | 40 role | 50 possible |

Day 16

Self Test : 뜻을 아는 단어에 ☑ 표시하세요.

□ 1. **visit**
*visit* a blog/(him) in the hospital

□ 2. **stay**
I *stay*ed a little longer after work.

□ 3. **cover**
*Cover* the pot after cooking.

□ 4. **audience**
speak in front of the *audience*

□ 5. **rise**
Gas charges will *rise* soon.

□ 6. **gift**
buy a *gift* for (my) mother

□ 7. **speed**
*speed* up the work

□ 8. **imagine**
I can *imagine* how you feel.

□ 9. **system**
The financial *system* of this company is stable.

□ 10. **complex**
understand a *complex* process

**Learn** : 모르는 단어 위주로 학습하세요

## 1. **visit** [vízit] [비짙ㅌ]

동 방문하다 명 방문

They are good places to *visit*.
방문하기에 좋은 장소들입니다.

## 2. **stay** [stei] [ㅅ테이]

동 머무르다, 유지하다

*stay* awake/stay in a hotel
깨어 있다/호텔에 머물다

## 3. **cover** [kʌvər] [커버~]

동 덮다, 담당하다  명 덮개, 표지

Put the *cover* over the sofa.
소파를 덮개로 덮다.

## 4. **audience** [ɔ́:diəns] [오디언쓰]

명 관객, 시청자

The *audience* was deeply moved.
관중들이 깊이 감동받았다.

## 5. **rise** [raiz] [라이즈]

동 증가하다, 오르다 명 상승, 진급

The sun is *rising* over the mountain.
태양이 산 너머로 떠오르고 있다.

## 6. gift [gift] [깊ㅍ트]

명 선물, 재능

I'm so pleased with your *gift*.
당신의 **선물**이 정말 마음에 듭니다.

 **Tip!**

[유용한 표현]
'please': 동 '기쁘게 하다'

ex) I want to please my dad.
   아버지를 기쁘게 해드리고 싶다.

## 7. speed [spiːd] [ㅅ피드]

명 동 속도(를 내다)

(control /keep) the *speed*
**속도**를 조절하다/유지하다

## 8. imagine [imǽdʒin] [이매쥔]

동 …을 상상하다, …라고 여기다

I can *imagine* the final story.
마지막 이야기가 **상상이 됩니다.**

Day
16

## 9. system [sístəm] [씨ㅅ틈]

명 제도, 체제

the heating *system*/the security *system*
난방 **설비**/보안 **체계**

## 10. complex 형[kəmpléks][컴플렉쓰] 명[kámpleks][캄플렉쓰]

명 복잡한 명 복합 건물, 덩어리

It's a highly *complex* question.
이것은 매우 **복잡한** 문제입니다.

## ✎ Self Evaluation : 빈칸에 알맞은 단어를 쓰세요.

1. [_____] a blog/(him) in the hospital
   블로그를 방문하다/문병하러 가다 (병원을 방문하다)

2. I [_____]ed a little longer after work.
   업무 후 잠시 더 남아 있었다.

3. [_____] the pot after cooking.
   요리가 끝난 후 냄비를 덮어 주십시오.

4. speak in front of the [_____]
   관중들 앞에서 연설하다

5. Gas charges will [_____] soon.
   가스 요금이 곧 오릅니다.

6. buy a [_____] for (my) mother
   어머니께 드릴 선물을 사다.

7. [_____] up the work
   일을 빠르게 추진하다.

8. I can [_____] how you feel.
   당신이 어떻게 느낄지 상상이 됩니다.

9. The financial [_____] of this company is stable.
   이 회사의 금융 체계가 안정적이다.

10. understand a [_____] *process
    복잡한 과정을 이해하다 *2-Day25

Self Test : 뜻을 아는 단어에 ☑ 표시하세요.

☐ 1. **write**
*write* (music/a book report)

☐ 2. **protect**
*Protect* your skin from the sun!

☐ 3. **issue**
Environmental problem is a big *issue*.

☐ 4. **user**
Only VIP *user*s can use this coupon.

☐ 5. **straight**
Go *straight* ahead to the exit.

☐ 6. **combination**
The *combination* of colors is amazing.

☐ 7. **craft**
appreciate traditional *craft*s

☐ 8. **daily**
I log on to this blog almost *daily*.

☐ 9. **frequent**
*frequent* [business trips / visits]

☐ 10. **due**
Rent is *due* by the end of the month.

Day
17

**Learn** : 모르는 단어 위주로 학습하세요

## 1. **write** [rait] [롸잍ㅌ]

동 쓰다

Please *write* me back.
회신 부탁합니다.

## 2. **protect** [prətékt] [프러텍ㅌ]

동 보호하다

system to *protect* information
정보를 **보호하기** 위한 체계

## 3. **issue** [íʃuː] [이슈]

명 동 쟁점, 사안, 발행(하다)

It's a sensitive political *issue*.
그것은 민감한 정치적인 **사안**이다.

## 4. **user** [júːzər] [유우저~]

명 이용자

This mark may confuse *user*s.
이 표시가 **사용자**들을 혼란스럽게 할 수 있다.

## 5. **straight** [streit] [ㅅ트레이ㅌ]

부 똑바로 형 곧은

put the desks in a *straight* line
책상들을 일직선상에 두다.

## 6. **combination** [kàmbənéiʃən] [캄브네이션]

명조합

Enter a *combination* of 5 numbers.
5개의 숫자의 **조합**을 입력해 주십시오.

## 7. **craft** [kræft] [크랲프트]

명공예품, 기술

learn [wood*craft* / paper*craft*]
[목공기술 / 종이공예]를 배우다.

## 8. **daily** [déili] [데일리]

부형매일(의) 명일간지

My *daily* schedule is fixed.
나의 **매일** 일정이 정해졌다.

## 9. **frequent** [frí:kwənt] [프리퀀ㅌ]

형빈번한

deal with *frequent* *breakdowns
잦은 *고장을 처리하다

## 10. **due** [dju:] [듀우]

형예정인, 때문에

I'm tired *due* to *jet lag.
*시차로 **인하여** 피곤하다.

Day
17

# Self Evaluation : 빈칸에 알맞은 단어를 쓰세요.

1. [　　　　] (music/a book report)
   작곡하다/독후감을 **쓰다**.

2. [　　　　] your skin from the sun!
   태양으로부터 피부를 **보호**하세요!

3. Environmental problem is a big [　　　　].
   환경에 관련한 문제는 큰 **주제**입니다.

4. Only VIP [　　　　]s can use this coupon.
   VIP **사용자**들만 이 쿠폰을 사용할 수 있다.

5. Go [　　　　] ahead to the exit.
   출구까지 **곧장** 가십시오.

6. The [　　　　] of colors is amazing.
   색들의 **조합**이 놀랍습니다.

7. *appreciate traditional [　　　　]s
   전통 **공예품**들을 *감상하다.

8. I log on to this blog almost [　　　　].
   나는 거의 **매일** 이 블로그에 접속한다.

9. [　　　　] [business trips / visits]
   **빈번한** [해외 출장 / 방문]

10. Rent is [　　　　] by the end of the month.
    임대료 **기한**은 매달 말입니다.

## Self Test : 뜻을 아는 단어에 ☑ 표시하세요.

☐ 1. **solve**
This accident should be *solve*d first.

☐ 2. **explain**
I'll *explain* about it later on.

☐ 3. **mean**
*mean*s of transport/payment

☐ 4. **half**
I was *half* asleep at that time.

☐ 5. **medicine**
This *medicine* will work well.

☐ 6. **philosophy**
I'm curious about the writer's *philosophy*.

☐ 7. **standard**
It (is below/meets) our *standard*.

☐ 8. **independent**
She's *independent* from her parents.

☐ 9. **regular**
I attend *regular* classes.

☐ 10. **effective**
an *effective* [management/ way]

**Learn** : 모르는 단어 위주로 학습하세요

## 1. **solve** [salv] [쌀브]

동해결하다
*solve* the [riddle / case]
[수수께끼를 / 사건을] **해결하다**

## 2. **explain** [ikspléin] [익ㅆ플레인]

동설명하다
Could you *explain* the regulations?
규칙들에 대하여 **설명해** 주시겠습니까?

## 3. **mean** [miːn] [미인]

동의미하다 형심술궂은 명수단(means)
What do you *mean* by that?
무슨 **뜻인지** 알려주시겠어요?

## 4. **half** [hæf] [해ㅍ]

명절반
Allow me *half* an hour.
30분만 더 주세요.

## 5. **medicine** [médəsin] [메드쓴]

명의료, 약
Take this *medicine* after meals.
이 **약**을 식사 후 드십시오.

## 6. **philosophy** [filásəfi] [필라써피]

명철학

[sales /business] *philosophy*
영업/사업 **철학**

## 7. **standard** [stǽndərd] [ㅅ탠다~드]

명기준, 규범

Is there a national *standard*?
국가적인 **기준**이 있습니까?

## 8. **independent** [indipéndənt] [인디펜던트]

형독립된

She became financially *independent*.
그녀는 재정적으로 **독립했다.**

## 9. **regular** [régjulər] [레귤러~]

형규칙적인 명단골손님

He is our *regular* customer.
그는 우리의 **단골손님**입니다.

## 10. **effective** [iféktiv] [이펙티브]

형효과적인

This method is really *effective*.
이 방법은 정말로 **효과적**이다.

## Self Evaluation : 빈칸에 알맞은 단어를 쓰세요.

1. This accident should be [ ]d first.
   이번 사고부터 **해결되어야** 한다.

2. I'll [ ] about it later on.
   그 일에 대하여 나중에 **설명**드리겠습니다.

3. [ ]s of transport/payment
   교통/지급 **수단**

4. I was [ ] asleep at that time.
   그 때 나는 **반쯤** 잠들어 있었다(비몽사몽이었다).

5. This [ ] will work well.
   이 **약**이 잘 들을 것이다.

6. I'm *curious about the writer's [ ].
   작가의 **철학**이 *궁금하다(호기심이 있다).

7. It (is below/meets) our [ ].
   우리의 **기준** (이하이다/에 부합한다).

8. She's [ ] from her parents.
   그녀는 부모로부터 **독립**하였다.

9. I attend [ ] classes.
   나는 **정규** 수업을 듣고 있습니다.

10. an [ ] [management/ way]
    **효율적인** [관리 / 방법]

**Self Test** : 뜻을 아는 단어에 ☑ 표시하세요.

☐ 1. **even**
*Even* a beginner did that job.

☐ 2. **affect**
She deeply *affect*ed my life.

☐ 3. **avoid**
You need to eat well and *avoid* stress.

☐ 4. **break**
Please don't *break* the rule.

☐ 5. **advantage**
The decision is to our *advantage*.

☐ 6. **middle**
Put the table in the *middle* of the room.

☐ 7. **outside**
Your car is waiting *outside*.

☐ 8. **step**
Take a *step* back.

☐ 9. **face**
His *face* looked bright.

☐ 10. **role**
Ken is playing a key *role*.

Day
19

**Learn** : 모르는 단어 위주로 학습하세요

## 1. **even** [íːvən] [이븐]

뷔···조차, 훨씬 혱평평한, 균등한

I can't *even* remember her name.
그녀의 이름**조차** 기억이 나지 않는다.

## 2. **affect** [əfékt] [어펙트]

툉영향을 미치다

Your habit will *affect* your health.
당신의 습관이 건강에 **영향을 줄** 것이다.

## 3. **avoid** [əvɔ́id] [어보이드]

툉피하다, 막다

Can I *avoid* his question?
그의 질문을 **피할 수** 있을까요?

## 4. **break** [breik] [브레잌ㅋ]

툉깨다, 부러지다 몡휴식, 틈

have a one-hour lunch *break*
한 시간의 점심 **휴식**시간을 갖다.

## 5. **advantage** [ædvǽntidʒ] [어드밴티쥬]

몡이점, 장점 툉유리하게 하다

take *advantage* of ~
~의 **이점**을 이용하다

## 6. middle [mídl] [미들]

명형중앙(의)

He is sitting in the *middle* *row.
그는 **가운데** 줄에 앉아 있다. *2–Day57*

## 7. outside [áutsáid] [아웃싸이드]

명형바깥(쪽의) 부전밖에(서)

take the flower pot *outside*
화분을 **바깥에** 내놓다.

## 8. step [step] [ㅅ텝ㅍ]

명걸음 동밟다

We will go on step by *step*.
우리는 한 **걸음씩** 진행할 것입니다.

## 9. face [feis] [페이ㅆ]

명얼굴 동…을 마주보다

The windows *face* the sea.
창문이 바다를 **마주 보고** 있다.

## 10. role [roul] [로울]

명역할

It was just a small *role*.
단지 작은 **역할**이었습니다.

Day
19

✎ **Self Evaluation** : 빈칸에 알맞은 단어를 쓰세요.

1. ⬚⬚⬚⬚⬚ a beginner did that job.
   **심지어** 초보자도 그것을 해냈습니다.

2. She deeply ⬚⬚⬚⬚ed my life.
   그녀는 내 삶에 많은 **영향을 주었다**.

3. You need to eat well and ⬚⬚⬚⬚ stress.
   식사 잘하시고 스트레스를 **피하세요**.

4. Please don't ⬚⬚⬚⬚ the rule.
   규칙을 **어기지(깨지)** 마세요.

5. The decision is to our ⬚⬚⬚⬚.
   그 결정은 우리에게 **유리합니다**.

6. Put the table in the ⬚⬚⬚⬚ of the room.
   탁자는 방 **중앙**에 두십시오.

7. Your car is waiting ⬚⬚⬚⬚.
   **밖에서** 차가 대기 중입니다.

8. Take a ⬚⬚⬚⬚ back.
   한 **걸음** 물러서세요.

9. His ⬚⬚⬚⬚ looked bright.
   그의 **얼굴**이 밝아 보였습니다.

10. Ken is playing a key ⬚⬚⬚⬚.
    켄은 중요한 **역할**을 담당하고 있다.

**Self Test** : 뜻을 아는 단어에 ☑ 표시하세요.

□ 1. **express**
Let me *express* my opinion.

□ 2. **include**
Please *include* this report.

□ 3. **contribute**
He *contribut*ed to our success.

□ 4. **expose**
Don't *expose* it to moisture.

□ 5. **theory**
It's not as simple as it looks in *theory*.

□ 6. **ability**
He always shows off his *ability*.

□ 7. **general**
We will follow a *general* trend.

□ 8. **proper**
a *proper* balance between two types

□ 9. **particular**
She mastered a *particular* technique.

□ 10. **possible**
We tried all *possible* means.

Day
20

**Learn** : 모르는 단어 위주로 학습하세요

1. **express** [iksprés] [익씨프레쓰]

동표현하다 형급행의 명급행열차
She will take the *express* bus.
그녀는 고속버스를 탈 것입니다.

2. **include** [inklúːd] [인클루우드]

동포함하다
Tax is *include*d in it.
세금이 **포함되어** 있습니다.

3. **contribute** [kəntríbjuːt] [컨트리뷰우트]

동기부[기증]하다, 공헌하다
*contribute* (money/land) to a school
학교에 (돈/땅)을 **기부하다**.

4. **expose** [ikspóuz] [익씨포우즈]

동 드러내다
The truth was *expose*d by his courage.
그의 용기로 진실이 **드러났다**.

5. **theory** [θíːəri] [씨어~리]

명이론, 학설
It *turned out to be a probable *theory*.
그것은 가능성이 높은 **이론**으로 판명되었다.

\*turn out
: 판명되다

## 6. **ability** [əbíləti] [어빌러티]

명능력

the (English / artistic) *ability*
(영어 / 예술적) 능력

## 7. **general** [dʒénərəl] [제너~럴]

형일반[보편]적인 명장군

the book for *general* readers
**일반** 독자들을 위한 책

## 8. **proper** [prápər] [프라퍼~]

형적절한, 제대로 된

a *proper* amount of sugar
**적절한** 양의 설탕

## 9. **particular** [pərtíkjulər] [퍼~티큘러~]

형특별한 명자세한 사실

I have a *particular* interest in ceramics.
나는 도자기에 **특별한** 관심이 있다.

## 10. **possible** [pásəbl] [파써블]

형가능한

I don't think it's *possible*.
그것이 **가능할** 것 같지 않습니다.

## ✎ Self Evaluation : 빈칸에 알맞은 단어를 쓰세요.

1. Let me ⬚ my opinion.
   제 의견을 **말씀드릴게요**.

2. Please ⬚ this report.
   이 보고서를 **포함시켜** 주십시오.

3. He ⬚ ed to our success.
   그는 우리의 성공에 **이바지하였다**.

4. Don't ⬚ it to moisture.
   습기에 **노출시키지** 마십시오.

5. It's not as simple as it looks in ⬚.
   **이론**상으로 보는 것처럼 단순하지 않다.

6. He always *shows off his ⬚.
   그는 그의 **능력을** 항상 과시한다.

   ✎ *show off
   : ～를 자랑하다.

7. We will follow a ⬚ trend.
   우리는 **일반적인** 추세를 따를 것입니다.

8. a ⬚ balance between two types
   두 유형 간의 **적절한** 균형

9. She mastered a ⬚ technique.
   그녀는 **특정한** 기술을 터득했다.

10. We tried all ⬚ *means.
    **가능한** 모든 수단들을 동원했다. *2-Day18

## ☀ Self Evaluation : 뜻을 아는 단어에 ☑ 표시하세요.

| | | |
|---|---|---|
| ☐ 1 visit | ☐ 18 daily | ☐ 35 advantage |
| ☐ 2 stay | ☐ 19 frequent | ☐ 36 middle |
| ☐ 3 cover | ☐ 20 due | ☐ 37 outside |
| ☐ 4 audience | ☐ 21 solve | ☐ 38 step |
| ☐ 5 rise | ☐ 22 explain | ☐ 39 face |
| ☐ 6 gift | ☐ 23 mean | ☐ 40 role |
| ☐ 7 speed | ☐ 24 half | ☐ 41 express |
| ☐ 8 imagine | ☐ 25 medicine | ☐ 42 include |
| ☐ 9 system | ☐ 26 philosophy | ☐ 43 contribute |
| ☐ 10 complex | ☐ 27 standard | ☐ 44 expose |
| ☐ 11 write | ☐ 28 independent | ☐ 45 theory |
| ☐ 12 protect | ☐ 29 regular | ☐ 46 ability |
| ☐ 13 issue | ☐ 30 effective | ☐ 47 general |
| ☐ 14 user | ☐ 31 even | ☐ 48 proper |
| ☐ 15 straight | ☐ 32 affect | ☐ 49 particular |
| ☐ 16 combination | ☐ 33 avoid | ☐ 50 possible |
| ☐ 17 craft | ☐ 34 break | |

배운 단어를 얼마나 기억하세요? 정답은 114page 참조
• 맞은 갯수 30개 이하: 수고하셨어요. 한 번만 더 복습^^
• 맞은 갯수 30개 이상: OK! 어려운 단어 복습
• 맞은 갯수 40개 이상: Very Good!!

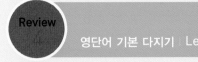

## Review 4 영단어 기본 다지기 | Level 2

*한 차원 높은 사고력!

## 🔑 Self Evaluation : 빈칸을 채워 보세요.

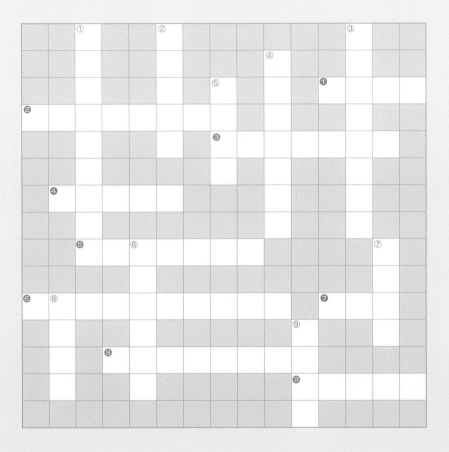

[가로열쇠]
❶user ❷frequent ❸explain ❹visit ❺express ❻philosophy
❼due ❽medicine ❾avoid

[세로열쇠]
①effective ②speed ③possible ④complex ⑤step ⑥proper
⑦even ⑧half ⑨mean

## ⚷ [세로열쇠]

① an [_____] [management / way]

② (control /keep) the [_____]

③ I don't think it's [_____] .

④ It's a highly [_____] question.

⑤ We will go on [_____] by step.

⑥ a [_____] amount of sugar

⑦ I can't [_____] remember her name.

⑧ Allow me [_____] an hour.

⑨ What do you [_____] by that?

## ⚷ [가로열쇠]

❶ This mark may confuse the [_____] s.

❷ deal with [_____] breakdowns

❸ Could you [_____] the regulations?

❹ They are good places to [_____] .

❺ She will take the [_____] bus.

❻ (sales /business) [_____]

❼ I'm tired [_____] to jet lag.

❽ Take this [_____] after meals.

❾ Can I [_____] his question?

Review

4

## ☀ Self Evaluation : 뜻 해석

| | | |
|---|---|---|
| 1 방문하다 | 18 매일(의) | 35 이점, 장점 |
| 2 머무르다 | 19 빈번한 | 36 중앙(의) |
| 3 덮다, 덮개, 표지 | 20 예정인, 때문에 | 37 밖에(서) |
| 4 관객 | 21 해결하다 | 38 걸음 |
| 5 증가하다, 오르다 | 22 설명하다 | 39 얼굴 |
| 6 선물, 재능 | 23 의미하다, 심술궂은 | 40 역할 |
| 7 속도 | 24 절반 | 41 표현하다, 급행의 |
| 8 상상하다 | 25 의료, 약 | 42 포함하다 |
| 9 제도, 체제 | 26 철학 | 43 기부하다, 공헌하다 |
| 10 복잡한 | 27 기준, 규범 | 44 드러내다 |
| 11 쓰다 | 28 독립된 | 45 이론, 학설 |
| 12 보호하다 | 29 규칙적인 | 46 능력 |
| 13 쟁점, 발행하다 | 30 효과적인 | 47 일반적인, 장군 |
| 14 이용자 | 31 …조차, 훨씬 | 48 적절한, 제대로 된 |
| 15 똑바로 | 32 영향을 미치다 | 49 특별한 |
| 16 조합 | 33 피하다, 막다 | 50 가능한 |
| 17 공예품, 기술 | 34 깨다, 휴식 | |

왕초보 탈출 영단어 **ABC**

# 영단어
## 기본 다지기 Level 2

*Day
**21** ~ **25**

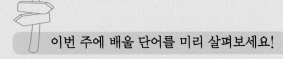

| | | | | |
|---|---|---|---|---|
| 1 charity | 11 ambition | 21 emotion | 31 platform | 41 patient |
| 2 bite | 12 lecture | 22 worker | 32 fear | 42 switch |
| 3 delivery | 13 more | 23 fight | 33 funny | 43 holiday |
| 4 exclude | 14 dress | 24 vehicle | 34 chain | 44 survey |
| 5 coat | 15 joke | 25 boil | 35 conversation | 45 beach |
| 6 welcome | 16 global | 26 mountain | 36 mission | 46 entrance |
| 7 round | 17 wheel | 27 passage | 37 male | 47 guilty |
| 8 smell | 18 scratch | 28 attach | 38 organize | 48 song |
| 9 catch | 19 overcome | 29 weigh | 39 repeat | 49 repair |
| 10 ugly | 20 lonely | 30 anxious | 40 automatic | 50 process |

👉 **Self Test** : 뜻을 아는 단어에 ☑ 표시하세요.

- [ ] 1. **charity**
  It's a *charity* event for children.

- [ ] 2. **bite**
  Prevent mosquito *bite*s.

- [ ] 3. **delivery**
  *Delivery* is always free.

- [ ] 4. **exclude**
  Please *exclude* the drinks.

- [ ] 5. **coat**
  Your *coat* is wet in the rain.

- [ ] 6. **welcome**
  *Welcome* to our event!

- [ ] 7. **round**
  a *round* shaped roof

- [ ] 8. **smell**
  *Smell* this fruit! It's fresh.

- [ ] 9. **catch**
  We will *catch* up with them.

  *catch up with
  : 따라잡다

- [ ] 10. **ugly**
  There is an *ugly* scar on the handle.

**Learn** : 모르는 단어 위주로 학습하세요

1. **charity** [ʧǽrəti] [채러티]

   몡자선(단체)

   His *profit will go to *charity*. *2-Day14
   그의 *수익금은 자선 단체에 기부될 것이다.

2. **bite** [bait] [바일ㅌ]

   통물다 몡물기, 한입

   have a quick *bite* / take a *bite*
   간단히 요기하다 / 한 입 깨물다

3. **delivery** [dilívəri] [딜리버리]

   몡배달

   send mail by special *delivery*
   우편물을 속달로 보내다

4. **exclude** [iksklúːd] [익ㅆ클루드]

   통제외하다, 배제하다

   Taxes and *fees are *exclude*d. *2-Day52
   세금과 수수료는 제외되었습니다.

5. **coat** [kout] [코우트]

   몡외투, 코트

   Wear your lab *coat* in here.
   이 곳에서는 실험실 코트를 입으십시오.

## 6. **welcome** [wélkəm] [웰컴]

동환영하다 형환영하는
You will be *welcome* anytime!
여러분은 언제나 **환영합니다**!

## 7. **round** [raund] [라운드]

형둥근 전부…을 돌아 명한차례
This bus will go *round* the park.
이 버스는 공원을 **돌 것**입니다.

## 8. **smell** [smel] [스멜]

동냄새가 나다 명냄새
The shampoo *smell*s like a rose.
샴푸에서 장미 **냄새가 납니다**.

## 9. **catch** [kæʧ] [캐취]

동잡다, 걸리다 명잡음
Here's a good place to *catch* a taxi.
이 곳은 택시를 **잡기**에 좋은 장소이다.

## 10. **ugly** [ʌ́gli] [어글리]

형못생긴, 불쾌한
It was not an *ugly* scene.
그것은 **불쾌한** 광경은 아니었어요.

✎ **Self Evaluation** : 빈칸에 알맞은 단어를 쓰세요.

1. It's a [          ] event for children.
아이들을 위한 **자선** 행사입니다.

2. Prevent mosquito [          ]s.
모기에게 **물리는** 것을 막다.

3. [          ] is always free.
**배달**은 항상 무료입니다.

4. Please [          ] the drinks.
음료는 **제외시켜** 주세요.

5. Your [          ] is wet in the rain.
**코트**가 비로 젖어 있습니다.

6. [          ] to our event!
우리 행사에 와 주심을 **환영합니다.**

7. a [          ] shaped roof
**둥근** 모형의 지붕

8. [          ] this fruit! It's fresh.
이 과일 **냄새**를 맡아보세요! 신선해요.

9. We will [          ] up with them.
우리는 그들을 따라**잡을** 거예요.

10. There is an [          ] scar on the handle.
손잡이에 **흉한** 상처가 있습니다.

☞ **Self Test** : 뜻을 아는 단어에 ☑ 표시하세요.

□ 1. **ambition**
challenge to achieve an *ambition*

□ 2. **lecture**
I won't miss his *lecture*.

□ 3. **more**
Could you tell me in *more* detail?

□ 4. **dress**
This *dress* will fit you.

□ 5. **joke**
It's not true! It was only a *joke*.

□ 6. **global**
*Global* food trade is a big business.

□ 7. **wheel**
It moves well due to four *wheel*s.

□ 8. **scratch**
There is a *scratch* on the cabinet.

□ 9. **overcome**
*overcome* financial difficulties

□ 10. **lonely**
This place is for the *lonely* senior citizens.

**Learn** : 모르는 단어 위주로 학습하세요

## 1. **ambition** [æmbíʃən] [앰**비**션]

명야망, 포부

have an *ambition* to ~
~하고자 하는 **야망**을 갖다

## 2. **lecture** [léktʃər] [ㄹ**렉**쳐~]

명강의

(take down / listen to) a *lecture*
**강의**를 필기하다/듣다

## 3. **more** [mɔːr] [모어~]

형더 많은 부더 많이 명더 많은 양

It costs 20 dollars *more*.
그것은 가격이 20달러 **더** 나간다.

## 4. **dress** [dres] [드레쓰]

명드레스 동옷을 입다

get *dress*ed / get un*dress*ed
(외출 등을 위해) **옷을 입다** / 옷을 벗다

## 5. **joke** [dʒouk] [죠욱 ㅋ]

명동농담[하다]

We were just telling a *joke*.
우리는 그냥 **농담**한 것이다.

## 6. **global** [glóubəl] [글**로**우벌]

형세계적인

We are sensitive about **global** market.
우리는 **세계** 시장에 민감하다.

## 7. **wheel** [wi:l] [위일 ]

명바퀴 동밀다, 선회하다

The front **wheel** is *flat.
앞 **바퀴**에 펑크가 났습니다.　*1권-Day32

## 8. **scratch** [skrætʃ] [ㅅ크래치]

동긁다, 할퀴다 명자국

The screen was **scratch**ed on a nail.
화면이 못에 **긁혔다**.

## 9. **overcome** [òuvərkΛm] [오우버~컴]

동극복하다

I've **overcome** my fear of heights.
나는 고소공포증을 **극복했다**.

## 10. **lonely** [lóunli] [ㄹ**로**운리]

부외로운, 쓸쓸한

a **lonely** village (country road)
**한적한** 마을(시골길)

✎ **Self Evaluation** : 빈칸에 알맞은 단어를 쓰세요.

1. challenge to achieve an ☐
   야망을 달성하기 위해 도전하다.

2. I won't miss his ☐ .
   나는 그의 강의를 놓치지 않을 것이다.

3. Could you tell me in ☐ detail?
   좀 더 상세히 말씀해 주시겠어요?

4. This ☐ will fit you.
   이 드레스가 당신에게 맞을 것입니다.

5. It's not true! It was only a ☐ .
   사실이 아닙니다! 농담이었어요.

6. ☐ food trade is a big business.
   세계 식량 거래는 큰 사업이다.

7. It moves well *due to four ☐ s. *2권-Day17
   네 개의 바퀴가 달려 있어서 잘 움직인다.

8. There is a ☐ on the cabinet.
   장식장에 긁힌 자국이 있다.

9. ☐ *financial difficulties
   재정적인 어려움을 극복하다

   ✎ *financial
   : 재정상의

10. This place is for the ☐ senior citizens.
    이 곳은 외로운 노인들을 위한 것이다.

Self Test : 뜻을 아는 단어에 ☑ 표시하세요.

☐ 1. **emotion**

The actor was good at *emotion*s.

☐ 2. **worker**

He is a temporary *worker* here.

☐ 3. **fight**

They *\*fought* over a seat.    *fought: fight의 과거

☐ 4. **vehicle**

The *vehicle*s will be provided.

☐ 5. **boil**

Put it in the *boil*ing water.

☐ 6. **mountain**

There is a shop in a *mountain* pass.

☐ 7. **passage**

It's the *passage* to the meeting room.

☐ 8. **attach**

I *attach* a photo to e-mail.

☐ 9. **weigh**

How much do you *weigh*?

☐ 10. **anxious**

He seemed *anxious* while talking.

**Learn** : 모르는 단어 위주로 학습하세요

---

## 1. **emotion** [imóuʃən] [이**모**우션]

명감정

(\*express/hide) *emotion*s
**감정**을 (표현하다/숨기다) *2권-Day20*

## 2. **worker** [wə́ːrkər] [워~커~]

명근로자, 노동자

office / \*construction *worker* *2권-Day57*
사무실 **근로자**(사무원) / 건설 **노동자**

## 3. **fight** [fait] [파잍ㅌ]

동싸우다 명싸움

*fight* for (a business \*license)
(사업 허가)를 얻기 위해 **싸우다**

> \*license [láisəns]
> : 허가,자격증

## 4. **vehicle** [víːikl] [**비**이클]

명운송수단, 차량

Go up the hill by a *vehicle*.
**차량**을 이용하여 언덕까지 가십시오.

## 5. **boil** [bɔil] [보일ㄹ]

동끓다, 끓이다

*Boil* it at a high \*temperature.
높은 \*온도로 **끓이세요.** *1권-Day34*

## 6. **mountain** [máuntn] [마운튼]

명 산

The hotel is at the foot of the *mountain*.
그 호텔은 산기슭에 있다.

## 7. **passage** [pǽsidʒ] [패씨쥐]

명 통로, 구절

Some *passage*s are not proper.
구절 몇 개는 적절하지 않습니다.

## 8. **attach** [ətǽtʃ] [어태치]

동 첨부하다, 붙이다

I *attach*ed a picture of my family on the wall.
나는 벽에 가족사진을 붙였다.

## 9. **weigh** [wei] [웨이]

동 무게가…이다

He *weigh*s 80 kg.
그의 몸무게는 80킬로그램이다.

## 10. **anxious** [ǽŋkʃəs] [앵셔쓰]

형 염려하는, 간절히 바라는

We are very *anxious* to see you.
당신을 꼭 만날 수 있기를 바랍니다.

Self Evaluation : 빈칸에 알맞은 단어를 쓰세요.

1. The actor was good at _____ s.
   배우가 감정 표현이 우수했다.

2. He is a *temporary _____ here.
   그는 이곳에서 *임시직으로 일하고 있습니다

   *temporary [témpərèri]
   : 일시적인

3. They _____ over a seat.
   그들은 좌석을 두고 다투었다.

4. The _____ s will be provided.
   차량들이 제공될 것입니다.

5. Put it in the _____ ing water.
   끓는 물에 그것을 넣어주세요.

6. There is a shop in a _____ pass.
   산길에 작은 가게가 하나 있습니다.

7. It's the _____ to the meeting room.
   회의장으로 가는 통로입니다.

8. I _____ a photo to e-mail.
   이메일에 사진 하나를 첨부합니다.

9. How much do you _____ ?
   체중이 얼마나 나가십니까?

10. He seemed _____ while talking.
    그는 말하는 동안 불안해하는 것 같았다.

Self Test : 뜻을 아는 단어에 ☑ 표시하세요.

☐ 1. **platform**
We will see him off at the *platform*.

☐ 2. **fear**
The kid *fear*ed getting out.

☐ 3. **funny**
My key is gone. That's *funny*!

☐ 4. **chain**
The tools are *chain*ed.

☐ 5. **conversation**
We had a long *conversation*.

☐ 6. **mission**
Our *mission* is to receive funds.

☐ 7. **male**
A *male* tiger was born in the zoo.

☐ 8. **organize**
*organize* a club/a concert

☐ 9. **repeat**
Could you *repeat* that?

☐ 10. **automatic**
This door is fully *automatic*.

📖 **Learn** : 모르는 단어 위주로 학습하세요

## 1. **platform** [plǽtfɔːrm] [플뤨포~엄]

명(기차역의)플랫폼, 연단

He is speaking on the *platform*.
그는 단상에서 연설 중입니다.

## 2. **fear** [fiər] [피어~]

명공포, 우려 동두려워하다

We have no *fear* of failure.
우리는 실패를 두려워하지 않습니다.

## 3. **funny** [fʌ́ni] [퍼니]

형우스운, 재미있는, 기묘한,

This comedy is really *funny*.
이 코미디(희극)은 정말 재미있습니다.

## 4. **chain** [ʧein] [체인]

명동체인점,사슬(로묶다)

a *chain* of [restaurants / shops]
체인 음식점 / 체인 상점

## 5. **conversation** [kὰnvərséiʃən] [컨버~쩨이션]

명대화

Stanley overheard the *conversation*.
스탠리가 대화를 엿들었다.

## 6. **mission** [míʃən] [미션]

圀임무, 사절단, 전도(기독교)

*complete ( *perform ) a *mission*
**임무를 완수하다(이행하다)** *1권-Day57 / *2권-Day11*

## 7. **male** [meil] [메일]

형명남성(의), 수컷(의)

a member of a *male*-voice choir
**남성 합창단 단원**

## 8. **organize** [ɔ́ːrgənàiz] [오~거나이즈]

통조직(정리)하다

*organize* the files on the *desktop
*바탕화면의 파일들을 정리하다.

## 9. **repeat** [ripíːt] [리피잍]

형다시(반복)하다

*Repeat* it twice a day.
**하루 두 번 반복하세요.**

## 10. **automatic** [ɔ̀ːtəmǽtik] [오터매틱]

형자동의

make an *automatic* *transfer
**자동*이체를 하다**

*transfer [trǽnsfer]
: 이체, 환승

1. We will see him off at the _____ .
우리는 그를 **플랫폼**까지 배웅할 것입니다.

2. The kid _____ ed getting out.
아이는 나가는 것을 **두려워**하였다.

3. My key is gone. That's _____ !
내 열쇠가 안 보여요. **희한한** 일이네요!

4. The tools are _____ ed.
연장들이 (**사슬로**) **묶여** 있다.

5. We had a long _____ .
우리는 긴 **대화**를 나누었다.

6. Our _____ is to receive *funds. *2권-Day48
우리의 **임무**는 자금을 유치하는(받아내는) 것이다

7. A _____ tiger was born in the zoo.
동물원에서 **수컷** 호랑이가 태어났다.

8. _____ a club/a concert
클럽을/연주회를 **조직하다**

9. Could you _____ that?
**다시 한 번** 말씀해 주시겠습니까?

10. This door is fully _____ .
이 문은 **전자동**입니다.

👉 **Self Test** : 뜻을 아는 단어에 ☑ 표시하세요.

☐ 1. **patient**

Susan is busy taking care of her *patient*.

☐ 2. **switch**

*Switch* off the light.

☐ 3. **holiday**

I usually go hiking on *holiday*s.

☐ 4. **survey**

It's the result of the telephone *survey*.

☐ 5. **beach**

We will spend two days at the *beach*.

☐ 6. **entrance**

See you at the *entrance*.

☐ 7. **guilty**

He is *guilty* of (drunk driving).

☐ 8. **song**

We sang a *song* together.

☐ 9. **repair**

It'll be *repair*ed in a week.

☐ 10. **process**

All of the *process* will be open.

**Learn** : 모르는 단어 위주로 학습하세요

## 1. **patient** [péiʃənt] [페이션트]

> 몡환자 혱참을성 있는
>
> He was *patient* with the kids.
> 그는 아이들을 참을성 있게 잘 대하였다.

## 2. **switch** [switʃ] [스위치]

> 몡스위치, 전환 동바뀌다, 바꾸다
>
> The meeting was *switch*ed to Friday.
> 회의 시간이 금요일로 바뀌었다.

## 3. **holiday** [hálədèi] [할러데이]

> 몡휴가, 방학
>
> This shop is closed on public *holiday*s.
> 이 상점은 공휴일에 문을 닫는다.

## 4. **survey** [sərvéi] [써~베이]

> 몡조사 동살피다, 조사하다
>
> *respond to the *survey*
> 설문에 응답하다 *2권-Day52

## 5. **beach** [biːtʃ] [비이치]

> 몡해변, 바닷가
>
> This is a popular *beach* resort.
> 이 곳은 인기 있는 해변 휴양지(리조트)입니다.

## 6. entrance [éntrəns] [앤트런쓰]

명출입문, 입학, 가입

take an *entrance* exam for~
~을 들어가기 위한 **입학**(입사)시험을 보다.

## 7. guilty [gílti] [길티]

형죄책감이 드는, 유죄의

She feels *guilty* for *lying.　　*lie+ing: lying!!　*2-Day41
그녀는 거짓말에 대하여 **죄책감을 느낀다**.

## 8. song [sɔ́:ŋ] [쏭]

명노래

The band played the old *song*s.
악단은 옛 **노래들을** 연주했다.

## 9. repair [ripέər] [리페어~]

동수리하다 명수리, 수선

My bike needs *repair*ing.
자전거를 **수리해야** 한다.

## 10. process [próuses] [프로쎄스]

명동처리(하다), 과정

The work *process* is not so simple.
**작업과정**은 그리 간단하지 않습니다.

## Self Evaluation : 빈칸에 알맞은 단어를 쓰세요.

1. Susan is busy taking care of her [      ].

   수잔은 그녀의 **환자들을** 돌보느라 바쁘다.

2. [      ] off the light.

   전등을 **꺼주세요.**

3. I usually go hiking on [      ]s.

   나는 **휴일에** 대개 도보 여행을 한다.

4. It's the result of the telephone [      ].

   전화 설문 **조사** 결과입니다.

5. We will spend two days at the [      ].

   우리는 이틀 동안 **해변에서** 지낼 것입니다.

6. See you at the [      ].

   **출입구에서** 봅시다.

7. He is [      ] of (drunk driving).

   그는 (음주 운전)의 **과오를** 범하였다.

8. We sang a [      ] together.

   우리는 함께 **노래를** 불렀다.

9. It'll be [      ]ed in a week.

   일주일이면 **수리될** 것입니다.

10. All of the [      ] will be open.

    모든 **과정은** 공개될 것입니다.

## Self Evaluation : 뜻을 아는 단어에 ☑ 표시하세요.

| | | |
|---|---|---|
| ☐ 1 charity | ☐ 18 scratch | ☐ 35 conversation |
| ☐ 2 bite | ☐ 19 overcome | ☐ 36 mission |
| ☐ 3 delivery | ☐ 20 lonely | ☐ 37 male |
| ☐ 4 exclude | ☐ 21 emotion | ☐ 38 organize |
| ☐ 5 coat | ☐ 22 worker | ☐ 39 repeat |
| ☐ 6 welcome | ☐ 23 fight | ☐ 40 automatic |
| ☐ 7 round | ☐ 24 vehicle | ☐ 41 patient |
| ☐ 8 smell | ☐ 25 boil | ☐ 42 switch |
| ☐ 9 catch | ☐ 26 mountain | ☐ 43 holiday |
| ☐ 10 ugly | ☐ 27 passage | ☐ 44 survey |
| ☐ 11 ambition | ☐ 28 attach | ☐ 45 beach |
| ☐ 12 lecture | ☐ 29 weigh | ☐ 46 entrance |
| ☐ 13 more | ☐ 30 anxious | ☐ 47 guilty |
| ☐ 14 dress | ☐ 31 platform | ☐ 48 song |
| ☐ 15 joke | ☐ 32 fear | ☐ 49 repair |
| ☐ 16 global | ☐ 33 funny | ☐ 50 process |
| ☐ 17 wheel | ☐ 34 chain | |

Review
5

배운 단어를 얼마나 기억하세요? 정답은 **140**page 참조
• 맞은 갯수 30개 이하: 수고하셨어요. 한 번만 더 복습^^
• 맞은 갯수 30개 이상: OK! 어려운 단어 복습
• 맞은 갯수 40개 이상: Very Good!!

## Self Evaluation : 빈칸을 채워 보세요.

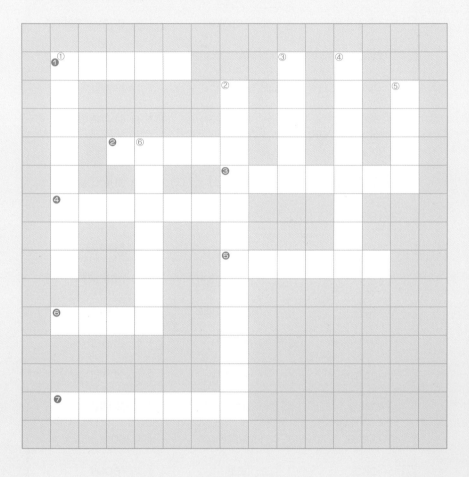

[가로열쇠]
❶dress ❷chain ❸vehicle ❹exclude ❺survey ❻ugly
❼mission

[세로열쇠]
①delivery ②conversation ③catch ④exclude ⑤bite
⑥holiday

## ⚷ [세로열쇠]

① _____ is always free.

② We had a long _____.

③ We will _____ up with them.

④ _____ financial difficulties.

⑤ Prevent mosquito _____s.

⑥ I usually go hiking on _____s.

## ⚷ [가로열쇠]

❶ This _____ will fit you.

❷ The tools are _____ed.

❸ The _____s will be provided.

❹ Please _____ the drinks.

❺ It's the result of the telephone _____.

❻ There is an _____ scar on the handle.

❼ Our _____ is to receive funds.

## Self Evaluation : 뜻 해석

| | | |
|---|---|---|
| 1 자선(단체) | 18 긁다, 할퀴다 | 35 대화 |
| 2 물다, 한입 | 19 극복하다 | 36 임무, 사절단 |
| 3 배달 | 20 외로운, 쓸쓸한 | 37 남성 · 수컷(의) |
| 4 제외하다, 배제하다 | 21 감정 | 38 조직(정리)하다 |
| 5 외투, 코트 | 22 근로자, 노동자 | 39 다시(반복)하다 |
| 6 환영하다 | 23 싸우다 | 40 자동의 |
| 7 둥근 | 24 운송수단, 차량 | 41 환자, 참을성 있는 |
| 8 냄새(가 나다) | 25 끓다 | 42 스위치, 전환 |
| 9 잡다 | 26 산 | 43 휴가, 방학 |
| 10 못생긴, 불쾌한 | 27 통로, 구절 | 44 조사 |
| 11 야망, 포부 | 28 첨부하다, 붙이다 | 45 해변, 바닷가 |
| 12 강의 | 29 무게가…이다 | 46 출입문 |
| 13 더 많은 | 30 염려하는, 간절한 | 47 죄책감이 드는, 유죄의 |
| 14 드레스 | 31 (기차역의)플랫폼, 연단 | 48 노래 |
| 15 농담[하다] | 32 공포, 두려워하다 | 49 수리하다 |
| 16 세계적인 | 33 우스운, 재미있는 | 50 처리(하다), 과정 |
| 17 바퀴 | 34 사슴(로 묶다) | |

왕초보 탈출 영단어 **ABC**

# 영단어
## 기본 다지기 Level 2

\*Day
**26** ~ **30**

| | | | | |
|---|---|---|---|---|
| 1 insect | 11 laugh | 21 suit | 31 alarm | 41 sheet |
| 2 volume | 12 essay | 22 screw | 32 bend | 42 match |
| 3 comfort | 13 breath | 23 basket | 33 hair | 43 invade |
| 4 agent | 14 yard | 24 string | 34 brave | 44 assistant |
| 5 abroad | 15 employer | 25 pollution | 35 revenue | 45 hall |
| 6 chase | 16 nurse | 26 cloud | 36 island | 46 right |
| 7 trash | 17 reply | 27 mirror | 37 bat | 47 weekend |
| 8 introduce | 18 feed | 28 rush | 38 employ | 48 wear |
| 9 escape | 19 refuse | 29 ruin | 39 adopt | 49 apologize |
| 10 efficient | 20 examine | 30 weird | 40 blind | 50 pleasant |

**Self Test** : 뜻을 아는 단어에 ☑ 표시하세요.

□ 1. **insect**
We will send an *insect* robot to the scene.

□ 2. **volume**
Please check the *volume* of fuel.

□ 3. **comfort**
The point is '*comfort*'!

□ 4. **agent**
My *agent* sent me the contract.

□ 5. **abroad**
She worked *abroad* for a year.

□ 6. **chase**
The players *chase*d a ball at full speed.

□ 7. **trash**
The *trash* is processed this way.

□ 8. **introduce**
Let me *introduce* myself.

□ 9. **escape**
They barely *escape*d towards the village.

□ 10. **efficient**
an *efficient* way to save time

**Learn** : 모르는 단어 위주로 학습하세요

## 1. **insect** [ínsekt] [인섹트]

명곤충

A small *insect* flew into my room.
작은 **곤충** 한 마리가 내 방으로 날아들어왔다.

## 2. **volume** [válju:m] [발류움]

명양, 음량

Please turn up the *volume*.
**음량**을 높여주세요.

## 3. **comfort** [kámfərt] [컴포~트]

명편안함, 안락함 통위로하다

The music is a *comfort* to me.
음악이 내게 **위안**이 됩니다.

## 4. **agent** [éidʒənt] [에이전트]

명대리인, 사무관, 요원

Ask (the travel /the ticket) *agent*.
(여행사/발권) **직원**에게 문의하세요.

## 5. **abroad** [əbrɔ́:d] [어보~드]

부해외로(에서)

He will not study *abroad*.
그는 **해외**에서 공부하지 않을 것입니다.

## 6. **chase** [tʃeis] [체이쓰]

동뒤쫓다, 쫓아내다 명추적, 추격

The police *chase*d after him.
경찰이 그를 **뒤쫓았다.**

## 7. **trash** [træʃ] [트레쉬]

명쓰레기 동엉망으로 만들다

Let's pick up the *trash* and leave.
**쓰레기**를 줍고 나서 출발합시다!

## 8. **introduce** [ìntrədjúːs] [인트러듀우쓰]

동소개하다

Could you *introduce* your coworkers?
동료들을 소개해 주시겠습니까?

## 9. **escape** [iskéip] [이스케잎ㅍ]

동달아나다 명탈출, 도피

*escape* from (a car) / to (a place)
～에서 **탈출하다** / ～로 **탈출하다**

## 10. **efficient** [ifiʃənt] [이피션트]

형효율적인

develop energy *efficient* cars
에너지 **효율**이 높은 자동차를 개발하다.

✐ **Self Evaluation** : 빈칸에 알맞은 단어를 쓰세요.

1. We will send an ⬚ robot to the scene.
   우리는 현장에 **곤충** 로봇을 보낼 것이다.

2. Please check the ⬚ of fuel.
   연료의 **양**을 측정해주십시오.

3. The point is ' ⬚ '!
   요점은 '**편안함**'에 있습니다!

4. My ⬚ *sent me the contract.
   나의 **대리인**이 나에게 계약서를 보냈다.

   > *Sent : send'의
   > 과거 [sent]

5. She worked ⬚ for a year.
   그녀는 일 년 동안 **해외에서** 근무했다.

6. The players ⬚ d a ball *at full speed.
   선수들이 공을 **쫓아** *전속력으로 달렸다.

7. The ⬚ is *processed this way. *2권-Day25*
   **쓰레기**는 이러한 방법으로 처리됩니다.

8. Let me ⬚ myself.
   제 **소개를 하**겠습니다.

9. They barely ⬚ d towards the village.
   그들은 마을을 향해 간신히 **달아났다**.

10. an ⬚ way to save time
    시간을 절약하는 **효율적인** 방법

Self Test : 뜻을 아는 단어에 ☑ 표시하세요.

☐ 1. **laugh**
*Laugh*ter is the best *medicine.

> *Laughter[læftər]
> : 웃음

☐ 2. **essay**
His *essay* will be in the book.

☐ 3. **breath**
Take a deep *breath* and run!

☐ 4. **yard**
Is that a back *yard*?

☐ 5. **employer**
My last *employer* wrote a reference letter for me.

☐ 6. **nurse**
The *nurse* will give you a shot.

☐ 7. **reply**
I'm writing in *reply* to your question.

☐ 8. **feed**
It is used to make animal *feed*.

☐ 9. **refuse**
He *refuse*d to follow my advice.

☐ 10. **examine**
The police *examine*d into the matter.

**Learn** : 모르는 단어 위주로 학습하세요

## 1. laugh [læf] [ㄹ래ㅍ]

동 웃다 명 웃음(소리)

*laugh* *with him / *at him
그와 함께 웃다 / 그를 비웃다

✎ *with/at의
의미에 유의!

## 2. essay [ései] [에쎄이]

명 수필, 과제물

My *essay* is *due tomorrow.
수필 *마감이 내일입니다. *2권-Day17*

## 3. breath [breθ] [브래ㅆ]

명 숨

Let me catch my *breath*!
숨 좀 돌리게 해주세요!

## 4. yard [jɑːrd] [야~드]

명 마당, 운동장

My father is planting seeds in the *yard*.
아버지께서 **마당**에서 씨앗을 심고 계신다.

## 5. employer [implóiər] [임플로이어~]

명 고용주

I will consult with my *employer* tomorrow.
내일 **고용주**와 상의할 것입니다.

## 6. nurse [nəːrs] [너~쓰]

　명간호사

The *nurse* changed his bandage.
간호사가 그의 붕대를 교체해 주었다.

## 7. reply [riplái] [리플**라**이]

　동대답하다, 응답하다 　명대답, 답장

I'm waiting for your early *reply*.
빠른 **답장**을 기다리고 있습니다.

## 8. feed [fiːd] [피이드]

　동밥을 먹이다 　명먹이, 사료

We aren't allowed to *feed* the animals.
우리가 동물들에게 **먹이를 주는** 것은 금지되어 있다.

## 9. refuse [rifjúːz] [리**퓨**우즈]

　동거절하다

If he *refuse*s, what are we to do?
만일 그가 **거절한다**면 어떻게 하면 좋은가?

## 10. examine [igzǽmin] [이ㄱ**재**민]

　동조사, 검사하다

Please have your eyes *examine*d.
시력 **검사를 받아** 보십시오.

# Self Evaluation : 빈칸에 알맞은 단어를 쓰세요.

1. _____ter is the best *medicine.

   웃음은 보약(최고의 *약)입니다.

2. His _____ will be in the book.

   그의 **수필**은 책에 수록될 것이다.

3. Take a deep _____ and run!

   **숨**을 크게 내 쉬고 달려요!

4. Is that a back _____?

   저것이 뒷**마당**입니까?

5. My last _____ wrote a reference letter for me.

   나의 이전 **고용주**가 추천서를 써 주었다.

6. The _____ will give you a shot.

   **간호사**가 주사를 놓아 줄 것입니다.

7. I'm writing in _____ to your question.

   질문하신 내용에 대한 **답으로** 글을 씁니다.

8. It is used to make animal _____.

   그것은 동물 **사료**를 만드는데 사용된다.

9. He _____d to follow my advice.

   그가 나의 조언을 따르기를 **거절했다**.

10. The police _____d into the matter.

    경찰은 사건을 **조사했다**.

Day
28

## Self Test : 뜻을 아는 단어에 ☑ 표시하세요.

☐ 1. **suit**
Please wear a business *suit*!

☐ 2. **screw**
Turn the *screw* the other way round.

☐ 3. **basket**
decorate with flower *basket*s

☐ 4. **string**
Please undo the *string* round the box.

☐ 5. **pollution**
I think it's about water *pollution*.

☐ 6. **cloud**
It's clear without a spot of *cloud*.

☐ 7. **mirror**
She likes to pose in front of the *mirror*.

☐ 8. **rush**
I try not to drive in the *rush* hour.

☐ 9. **ruin**
This might *ruin* his career.

☐ 10. **weird**
This soup tastes *weird*.

**Learn** : 모르는 단어 위주로 학습하세요

## 1. **suit** [su:t] [쑤울ㅌ]

명 정장 동 …에게 맞다, 어울리다

It doesn't *suit* my taste.
이것은 내 구미에 **맞**지 않는다.

## 2. **screw** [skru:] [ㅅ크루]

명 나사 동 돌려서 조이다

*Screw* the hanger into the wall.
옷걸이를 **나사**로 벽에 조여 주세요.

## 3. **basket** [bǽskit] [배스킽]

명 바구니

These *basket*s are hand-made.
이 **바구니**들은 손으로 만들어진다.

## 4. **string** [striŋ] [ㅅ트링]

명 끈, 줄

It's too loose. Pull the *string* tight!
너무 헐렁해요. 팽팽하게 **끈**을 당겨주세요!

## 5. **pollution** [pəlú:ʃən] [펄루션]

명 오염

monitor (the air / the noise) *pollution*
대기 **오염**/소음 **공해**를 측정하다

## 6. cloud [klaud] [클라우드]

명구름

Every *cloud* has a silver lining.
어떤 **구름**도 뒷면은 밝다. (=쥐구멍에도 볕뜰 날은 있다.)

## 7. mirror [mírə(r)] [미러~]

명거울

Check your side *mirror*s when making lane changes.
차선 변경시에는 측면 **거울**을 확인하십시오.

## 8. rush [rʌʃ] [러쉬]

동급히 서두르다 명서두름, 질주

He *rush*ed to the scene.
그는 현장으로 **서둘러** 갔다.

## 9. ruin [rúːin] [루인]

동망치다, 망하다 명붕괴, 잔해

It will not *ruin* our relationship.
그 일은 우리의 관계를 **해치지** 않을 것입니다.

## 10. weird [wiərd] [위어~드]

형기이한, 이상한

Did you hear a *weird* sound?
**이상한** 소리 들었습니까?

✎ **Self Evaluation** : 빈칸에 알맞은 단어를 쓰세요.

1. Please wear a business [_____]!
   **양복** 차림으로 오시기 바랍니다!

2. Turn the [_____] the other way round.
   그 **나사**를 반대 방향으로 돌리세요.

3. decorate with flower [_____]s
   꽃**바구니**로 장식하다.

4. Please *undo the [_____] round the box.
   소포에 감긴 **끈**을 *풀어 주세요.

5. I think it's about water [_____].
   이 이야기는 수질 **오염**에 관한 것 같다.

6. It's clear without a spot of [_____].
   **구름** 한 점 없이 맑다.

7. She likes to pose in front of the [_____].
   그녀는 **거울** 앞에서 포즈잡는 것을 좋아한다.

8. I try not to drive in the [_____] hour.
   교통이 혼잡한(**서두르는**) 시간에는 운전을 안 하려고 해요.

9. This might [_____] his career.
   이 일이 그의 경력에 **해를 입힐 수** 있다.

10. This soup tastes [_____].
    이 수프의 맛이 **기이하네요.** (낯설고 이상한 맛)

**Self Test** : 뜻을 아는 단어에 ☑ 표시하세요.

☐ 1. **alarm**
The *alarm* is ringing.

☐ 2. **bend**
*Bend* the wire to make a circle.

☐ 3. **hair**
The long *hair*ed girl is my partner.

☐ 4. **brave**
Her *brave* actions changed their mind.

☐ 5. **revenue**
Monthly *revenue* may fall this month.

☐ 6. **island**
They finally reached the *island*.

☐ 7. **bat**
*Bat*s usually feed on insects.

☐ 8. **employ**
I've been self-*employ*ed for 2years.

☐ 9. **adopt**
The *adopt*ed girl grew up as a musician.

☐ 10. **blind**
The dog was trained to guide *blind* people.

Day
29

**Learn** : 모르는 단어 위주로 학습하세요

## 1. **alarm** [əlάːrm] [얼**라**~암]

명경보음, 자명종 통놀라게 하다

My *alarm* is set for 6 a.m.
내 **자명종**이 오전 6시로 맞추어져 있다.

## 2. **bend** [bend] [밴드]

통굽히다, 숙이다

The branches were *\*bent* down.
나뭇가지들이 **휘었습니다.**

> \*bent [bent]
> : 'bend'의 과거(분사)

## 3. **hair** [hɛər] [헤어~]

명머리카락

have (my)*hair* cut / wash (my)*hair*
**머리를 자르다 / 머리를 감다**

## 4. **brave** [breiv] [브레이브]

형용감한

Be *brave* and *\*give it a try*!
**용감하게 도전해 보세요!**

> \*give it a try
> : 시도(도전)하다

## 5. **revenue** [révənjùː] [**레**버뉴]

명(정부,기관의)수입, 세입

She brings in a lot of *revenue* to the company.
그녀는 회사에 많은 **수입**을 가져온다.

## 6. island [áilənd] [아일런드]

명 섬

The *island* is too far to go to.
그 섬은 가기에 너무 먼 곳이다.

## 7. bat [bæt] [뱁ㅌ]

명 방망이, 박쥐 동 치다

His *bat*ting is the highest on his team.
팀에서 그의 타율이 최고입니다.

## 8. employ [implɔ́i] [임플로이]

동 고용하다

*employ* \*contract(part time) workers
계약직(시간제) 직원을 채용하다. *\*3-Day38*

## 9. adopt [ədɑ́pt] [어답ㅌ]

동 입양하다, 채택하다

More babies were *adopt*ed this year.
더 많은 아기들이 금년에 입양되었다.

## 10. blind [blaind] [블라인드]

형 …을 못보는 명 가리개

I'd like to install a *blind* door!
덧문을 설치했으면 합니다.

# Self Evaluation : 빈칸에 알맞은 단어를 쓰세요.

1. The [        ] is ringing.
   경보음이 울리고 있다.

2. [        ] the *wire to make a circle.
   *철사를 **구부려** 원으로 만드세요.

3. The long [        ]ed girl is my partner.
   긴 **머리** 소녀가 제 파트너입니다.

4. Her [        ] actions changed their mind.
   그녀의 **용감한** 행동이 그들의 마음을 바꾸었다.

5. Monthly [        ] may fall this month.
   이 달의 **수입**이 떨어질 것으로 보인다.

6. They finally *reached the [        ].
   그들은 마침내 **섬**에 이르렀다. *1-Day10*

7. [        ]s usually feed on insects.
   박쥐들은 주로 곤충들을 먹이로 먹는다.

8. I've been *self-[        ]ed for 2years. *self [self] : 자기
   2년간 *자영업에 종사했습니다.

9. The [        ]ed girl *grew up as a musician.
   **입양된** 소녀는 음악인으로 성장했습니다. *1-Day51 'grow'의 과거*

10. The dog was trained to guide [        ] people.
    그 개는 **맹인**들을 안내하도록 훈련되었다.

Self Test : 뜻을 아는 단어에 ☑ 표시하세요.

□ 1. **sheet**

Mark it on the top of the *sheet*.

□ 2. **match**

He won the *match* by 2 points.

□ 3. **invade**

The hunters *invade*d the animal zone by mistake.

□ 4. **assistant**

I need an *assistant* for my job.

□ 5. **hall**

The *hall* is near the entrance.

□ 6. **right**

I hope we're doing the *right* thing.

□ 7. **weekend**

I don't go to the movies on *weekend*s.

□ 8. **wear**

He is *wear*ing glasses.

□ 9. **apologize**

I came here to *apologize* over a cup of coffee.

Day
30

□ 10. **pleasant**

Today is the *pleasant* Children's Day.

**Learn** : 모르는 단어 위주로 학습하세요

## 1. **sheet** [ʃiːt] [쉬잍]

명동요(를 깔다), (종이 등)..장

spread a *sheet* (two *sheet*s) of paper
종이 한 **장**(두 **장**)을 깔다

## 2. **match** [mætʃ] [매치]

명짝, 시합 동어울리다

This bag *match*es your *outfit.
이 가방이 당신의 *의상과 잘 **어울립니다.**

## 3. **invade** [invéid] [인**베**이드]

동침략하다, 침입하다

We will not *invade* your personal space.
우리는 당신의 사적 공간은 **침범하지** 않을 예정입니다.

## 4. **assistant** [əsístənt] [어**씨**스턴트]

명조수, 보조원

a shop *assistant* / an *assistant* director
점원 / 조감독

## 5. **hall** [hɔːl] [호올]

명현관, ~실, 복도

build a (city / music / dance) *hall*
시청 / 음악당 / 무도장을 짓다

## 6. right [rait] [라잍ㅌ]

형옳은, 가장 적당한, 오른쪽의 명권리

We will do it *right* now (right after lunch )!
**바로** 지금 (점심 식사 후 즉시) 하겠습니다!

## 7. weekend [wíːkènd] [위캔드]

명주말

My family visited a museum last *weekend*.
우리 가족은 **주말**에 박물관에 갔다.

## 8. wear [wɛər] [웨어~]

동(옷, 모자, 장갑 등을)착용하다, 입다

I usually *wear* a suit to my office.
나는 사무실에 정장을 **입고** 간다.

## 9. apologize [əpálədʒàiz] [어팔러자이즈]

동사과하다

I deeply *apologize*.
대단히 **죄송합니다**.

## 10. pleasant [plézənt] [플레즌트]

형즐거운, 쾌적한

This office is a *pleasant* environment to work in.
이 사무실은 일하기에 **쾌적한** 환경이다.

✏️ **Self Evaluation** : 빈칸에 알맞은 단어를 쓰세요.

1. Mark it on the top of the ☐ .
   **용지** 상단에 표기하세요.

2. He won the ☐ by 2 points.
   그는 2점 차이로 **시합**을 이겼다.

3. The hunters ☐ d the animal zone by mistake.
   사냥꾼들이 실수로 동물 구역을 **침범했다.**

4. I need an ☐ for my job.
   내 일을 도와줄 **조수**가 필요합니다.

5. The ☐ is near the *entrance. *2권-Day25
   **집회실**이 입구와 가깝습니다

6. I hope we're doing the ☐ thing.
   우리가 **옳은** 일을 하고 있는 것이기를 바란다.

7. I don't go to the movies on ☐ s.
   나는 **주말**에 영화를 보러 가지 않는다.

8. He is ☐ ing glasses.
   그는 안경을 **쓰고** 있다.

9. I came here to ☐ over a cup of coffee.
   커피 한 잔 하면서 **사과하려고** 왔습니다.

10. Today is the ☐ Children's Day.
    오늘은 **즐거운** 어린이날입니다.

Self Evaluation : 뜻을 아는 단어에 ☑ 표시하세요.

☐ 1  insect
☐ 2  volume
☐ 3  comfort
☐ 4  agent
☐ 5  abroad
☐ 6  chase
☐ 7  trash
☐ 8  introduce
☐ 9  escape
☐ 10  efficient
☐ 11  laugh
☐ 12  essay
☐ 13  breath
☐ 14  yard
☐ 15  employer
☐ 16  nurse
☐ 17  reply

☐ 18  feed
☐ 19  refuse
☐ 20  examine
☐ 21  suit
☐ 22  screw
☐ 23  basket
☐ 24  string
☐ 25  pollution
☐ 26  cloud
☐ 27  mirror
☐ 28  rush
☐ 29  ruin
☐ 30  weird
☐ 31  alarm
☐ 32  bend
☐ 33  hair
☐ 34  brave

☐ 35  revenue
☐ 36  island
☐ 37  bat
☐ 38  employ
☐ 39  adopt
☐ 40  blind
☐ 41  sheet
☐ 42  match
☐ 43  invade
☐ 44  assistant
☐ 45  hall
☐ 46  right
☐ 47  weekend
☐ 48  wear
☐ 49  apologize
☐ 50  pleasant

배운 단어를 얼마나 기억하세요? 정답은 166page 참조
• 맞은 갯수 30개 이하: 수고하셨어요. 한 번만 더 복습^^
• 맞은 갯수 30개 이상: OK! 어려운 단어 복습
• 맞은 갯수 40개 이상: Very Good!!

Review
6

## 🗝 Self Evaluation : 빈칸을 채워 보세요.

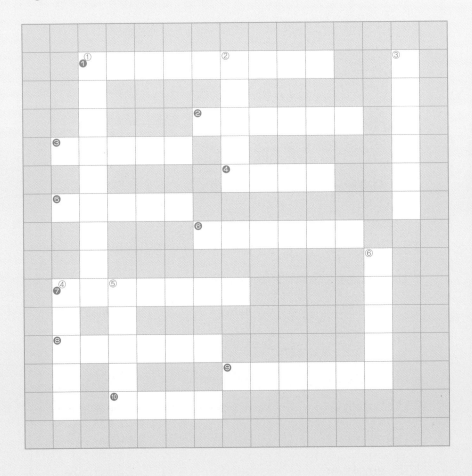

## 🔑 [세로열쇠]

① I came here to ⬚ over a cup of coffee.

② The ⬚ is processed this way.

③ They finally reached the ⬚ .

④ This soup tastes ⬚ .

⑤ His ⬚ will be in the book.

⑥ The players ⬚ d a ball at full speed.

## 🔑 [가로열쇠]

❶ I need an ⬚ for my job.

❷ Decorate with flower ⬚ s.

❸ It's clear without a spot of ⬚ .

❹ The ⬚ is near the entrance.

❺ My ⬚ sent me the contract.

❻ She worked ⬚ for a year.

❼ I don't go to the movies on ⬚ s.

❽ We will send an ⬚ robot to the scene.

❾ Please check the ⬚ of fuel.

❿ Is that a back ⬚ ?

## Self Evaluation : 뜻 해석

| | | |
|---|---|---|
| 1 곤충 | 18 밥을 먹이다 | 35 (정부, 기관의) 수입, 세입 |
| 2 양, 음량 | 19 거절하다 | 36 섬 |
| 3 편안함, 안락함 | 20 조사, 검사하다 | 37 방망이, 박쥐 |
| 4 대리인, 요원 | 21 정장 | 38 고용하다 |
| 5 해외로(에서) | 22 나사 | 39 입양하다, 채택하다 |
| 6 뒤쫓다 | 23 바구니 | 40 눈이 먼, …을 못 보는 |
| 7 쓰레기 | 24 끈, 줄 | 41 요, (종이)~장 |
| 8 소개하다 | 25 오염 | 42 성냥, 경기 |
| 9 달아나다 | 26 구름 | 43 침략하다, 침입하다 |
| 10 효율적인 | 27 거울 | 44 조수, 보조원 |
| 11 웃다 | 28 서두르다, 서두름 | 45 현관, ~실 |
| 12 수필, 과제물 | 29 망치다, 붕괴 | 46 옳은, 오른쪽의 |
| 13 숨 | 30 기이한, 이상한 | 47 주말 |
| 14 마당, 운동장 | 31 경보음, 놀라게 하다 | 48 입다, 착용하다 |
| 15 고용주 | 32 굽히다, 숙이다 | 49 사과하다 |
| 16 간호사 | 33 머리카락 | 50 즐거운, 쾌적한 |
| 17 대답하다, 응답하다 | 34 용감한 | |

왕초보 탈출 영단어 **ABC**

# 영단어
## 기본 다지기 Level 2

*Day
**31** ~ **35**

이번 주에 배울 단어를 미리 살펴보세요!

| | | | | |
|---|---|---|---|---|
| 1 sand | 11 poem | 21 error | 31 remind | 41 respect |
| 2 childhood | 12 wife | 22 float | 32 triumph | 42 affair |
| 3 strain | 13 editor | 23 promotion | 33 wish | 43 ear |
| 4 bother | 14 steal | 24 dinner | 34 owner | 44 district |
| 5 cap | 15 swim | 25 shock | 35 breast | 45 genuine |
| 6 skirt | 16 god | 26 floor | 36 mate | 46 manner |
| 7 comment | 17 fault | 27 league | 37 candle | 47 honor |
| 8 destroy | 18 suspect | 28 arise | 38 mention | 48 consult |
| 9 highlight | 19 pause | 29 insist | 39 succeed | 49 concentrate |
| 10 strict | 20 yell | 30 careful | 40 new | 50 obvious |

👉 **Self Test** : 뜻을 아는 단어에 ☑ 표시하세요.

□ 1. **sand**
Enjoy a romantic *sand*y beach!

□ 2. **childhood**
We've been friends since *childhood*.

□ 3. **strain**
It was broken under the *strain*.

□ 4. **bother**
Don't *bother* to (do it)!

□ 5. **cap**
The fence is *cap*ped with wire.

□ 6. **skirt**
The company is on the *out*skirts of Seoul.

✎ \*outskirts
: 변두리

□ 7. **comment**
There was no *comment* from the agency.

□ 8. **destroy**
Mountain areas should not be *destroy*ed.

□ 9. **highlight**
*Highlight* the text here.

□ 10. **strict**
We work on a *strict* rotation.

**Learn** : 모르는 단어 위주로 학습하세요

## 1. **sand** [sænd] [쌘드]

명모래

follow the footprints in the *sand*
**모래** 위의 발자국을 따라가다.

## 2. **childhood** [ʧáildhùd] [차일드후드]

명어린 시절

She had a pleasant *childhood*.
그녀는 행복한 **어린 시절**을 보냈다.

## 3. **strain** [strein] [ㅅ트레인]

명부담, 압력 동거르다, 잡아당기다

The loan is a *strain* on them.
대출금은 그들에게 **부담**이다.

## 4. **bother** [báðər] [바더~]

동신경 쓰이게 하다, 괴롭히다

She doesn't look *bother*ed.
그녀는 그리 **신경 쓰는** 것 같지 않습니다.

## 5. **cap** [kæp] [캪]

동(끝을)덮다 명챙있는 모자

I like the color of the *cap*.
**모자**의 색이 마음에 듭니다.

## 6. **skirt** [skə:rt] [ㅅ커~트]

명치마, 변두리 통가장자리를 두르다

The plain *skirt* looks nicer on you.
(무늬 없는)단색 **치마**가 당신에게 더 잘 어울립니다.

## 7. **comment** [kάment] [**카**멘트]

명논평, 언급 통논평하다

Would you *comment* on the story?
줄거리에 관해 **언급**해 주시겠습니까?

## 8. **destroy** [distrɔ́i] [디ㅅ트**로**이]

통파괴하다, 망치다

~ *destroy* our health/ecosystem
우리의 건강을/생태계를 **파괴하다**

## 9. **highlight** [hάilait] [**하**일라이트 ]

통강조하다 명주요부분[장면]

the *highlight* of the movie(the game)
영화의(경기의) **최고 장면**

## 10. **strict** [strikt] [ㅅ트릭트]

형엄격한

The rules are *strict* in doing this job.
이 일에 있어서 규칙들이 **엄격합**니다.

✎ **Self Evaluation** : 빈칸에 알맞은 단어를 쓰세요.

1. Enjoy a romantic _____y beach!
   낭만적인 **모래** 사장(해변)을 즐기십시오!

2. We've been friends since _____.
   우리는 **어린** 시절부터 친구였다.

3. It was broken under the _____.
   **압력**으로 부러졌어요.

4. Don't _____ to (do it)!.
   **힘들게** (〜) 마세요!

5. The fence is _____ped with wire.
   울타리가 철사로 **덮여** 있어요.

6. The company is on the out_____s of Seoul.
   회사가 서울 **변두리**에 있습니다.

7. There was no _____ from the *agency.
   *대행사로부터 어떤 **논평**도 없었다.

8. Mountain *areas should not be _____ed.
   산림*지역은 **파괴되면** 안됩니다. *1권-Day39*

9. _____ the text here.
   이 곳의 글자를 **강조해** 주세요.

10. We work on a _____ rotation.
    우리는 **엄격한** 순환 근무를 한다.

Self Test : 뜻을 아는 단어에 ☑ 표시하세요.

□ 1. **poem**
I'm interested in *poem*s and essays as well as novels.

□ 2. **wife**
Your *wife* will be satisfied with it.

□ 3. **editor**
The *editor* will start editing soon.

□ 4. **steal**
The designer didn't *steal* the idea.

□ 5. **swim**
a *swim*ming (lesson /cap/suit)

□ 6. **god**
*God* bless you!

□ 7. **fault**
It was all my *fault*.

□ 8. **suspect**
I *suspect* the truth of her statement.

□ 9. **pause**
Could you *pause* the music for a moment?

□ 10. **yell**
They *yell*ed at each other in the rain.

**Learn** : 모르는 단어 위주로 학습하세요

## 1. **poem** [póuəm] [포움]

몡시

Many of his *poem*s are in the song.
그의 많은 **시**들이 노래 속에 들어있다.

## 2. **wife** [waif] [와잎ㅍ]

몡아내

May I introduce my *wife* now?
지금 제 **아내**를 소개해 드릴까요?

## 3. **editor** [édətər] [에더터~]

몡편집자(장), 논설위원

Send this copy to the *editor*.
원고를 **편집장**에게 보내주세요.

## 4. **steal** [stiːl] [ㅅ**티**일]

동도둑질하다 몡(야구에서)도루

Let him go! He did not *steal* anything.
그를 보내주세요! 그는 아무것도 **훔치지** 않았어요.

## 5. **swim** [swim] [스윔]

동수영하다

He *swim*s 5 *laps without a break.
그는 쉬지 않고 5 바퀴를 돌며 **수영합니다**.

 **Tip!**

lap: 육상, 수영경기의
'한 바퀴'를 의미하기도 함

## 6. god [gad] [가ㄷ ]

명 신

*God* helps those who help themselves.
신은 스스로 돕는 사람을 돕는다. (=최선을 다하는 사람에게 행운도 따른다.)

## 7. fault [fɔːlt] [폴ㅌ]

명 잘못, 단점

The *fault*y batteries of your *laptop were replaced.
노트북의 **불량** 배터리를 교체했습니다.

*laptop
: 휴대용컴퓨터

## 8. suspect [səspékt] [써ㅅ펙ㅌ]

동 의심하다 명 용의자

I *suspect* that the engine has a problem.
나는 엔진에 문제가 있을 것이라고 **의심이 된다**.

## 9. pause [pɔːz] [포오즈]

동 잠시 멈추다 명 멈춤

The lady *pause*d looking at a flower on the street.
숙녀는 길 위의 꽃을 보며 잠시 **멈추었다**.

## 10. yell [jel] [옐]

동 소리치다

She *yell*ed at him. "Watch out!"
그녀는 그에게 **소리쳤다** "조심하세요!"

## Self Evaluation : 빈칸에 알맞은 단어를 쓰세요.

1. I'm interested in [          ]s and essays as well as novels.
   나는 소설 뿐 아니라 **시**와 수필에도 흥미가 있다.

2. Your [          ] will be *satisfied with it.
   부인께서 만족하실 거예요. *2권-Day37*

   *satisfied [sǽtisfàid]
   : 만족한

3. The [          ] will start editing soon.
   편집자가 편집을 곧 시작할 것입니다.

4. The designer didn't [          ] the idea.
   그 디자이너는 아이디어를 **훔치지** 않았다.

5. a [          ]ming (lesson /cap/suit)
   **수영** (강습/모자/복)

6. [          ] bless you!
   **신**의 가호가 있기를!

7. It was all my [          ].
   그것은 전부 내 **잘못**이었다.

8. I [          ] the truth of her *statement.
   나는 그녀가 말한 내용(*진술)의 진실성을 **의심한다**.

9. Could you [          ] the music for a moment?
   음악을 잠시만 **멈추어** 주시겠습니까?

10. They [          ]ed at each other in the rain.
    그들은 비 속에서 서로에게 **소리쳤다**.

## Self Test : 뜻을 아는 단어에 ☑ 표시하세요.

□ 1. **error**

It's an *error* message while uploading.

□ 2. **float**

The bottle is light enough to *float* on the water.

□ 3. **promotion**

This is a program for health *promotion*.

□ 4. **dinner**

I'd like to invite you to *dinner*.

□ 5. **shock**

The news is a *shock*!

□ 6. **floor**

What *floor* is the shop on?

□ 7. **league**

He is a baseball player in the major *league*.

□ 8. **arise**

Troubles may *arise* from the process.

□ 9. **insist**

If you *insist*, I will not stop you.

□ 10. **careful**

Drive *careful*ly on the wet road.

**Learn** : 모르는 단어 위주로 학습하세요

## 1. **error** [érər] [에러~]

명실수

We need to pick out the *error*s.
실수가 있는 부분들을 찾아내야 합니다.

## 2. **float** [flout] [플로우트]

동떠오르다, 떠다니다

A lot of balls are *float*ing on the river.
많은 공들이 강 위에 떠 있다.

## 3. **promotion** [prəmóuʃən] [프러**모**우션]

명승진, 홍보 활동

He got a *promotion* this month.
그는 이번 달에 **승진**했다.

## 4. **dinner** [dínər] [디너~]

명저녁 식사

Would you come over for *dinner* tonight?
오늘 밤 오셔서 **저녁 식사** 하시겠어요?.

## 5. **shock** [ʃak] [샥ㅋ]

명동충격[을 주다]

I was *shock*ed by the accident.
난 그 사고에 **충격**을 받았습니다.

## 6. **floor** [flɔːr] [플로~]

명바닥, (건물의)층

Take the *express elevator to the 10th *floor*.　*2권-Day20
10층까지 *급행 엘리베이터를 타세요.

## 7. **league** [liːg] [리이그]

명리그, 연맹

The *League* of Nation was created for world peace.
국제 연맹은 세계 평화를 위해 만들어졌다.

## 8. **arise** [əráiz] [어라이즈]

동생기다, 발생하다

A crisis is likely to *arise*.
위기가 발생할 것처럼 보인다.

## 9. **insist** [insíst] [인씨ㅅ트]

동우기다, 주장하다

He *insist*ed that we should cut down on expenses.
그는 우리가 지출을 줄여야 한다고 주장했다.

## 10. **careful** [kέərfəl] [케어~플]

형조심하는, 주의깊은

Be *careful* (**of** icy roads / **to** drive~).
(얼어붙은 길을 / 운전할 때) 조심하세요.

✏️ **Self Evaluation** : 빈칸에 알맞은 단어를 쓰세요.

1. It's an [_____] message while uploading.
   이것은 파일 업로드하는 동안의 **에러** 문구입니다.

2. The bottle is light enough to [_____] on the water.
   그 병은 물 위에 **뜰 수 있을** 정도로 가볍다.

3. This is a program for health [_____].
   이것은 건강 **증진**을 위한 프로그램입니다.

4. I'd like to invite you to [_____].
   당신을 **저녁 식사**에 초대하고 싶습니다.

5. The news is a [_____]!
   그 소식은 **충격**입니다.

6. What [_____] is the shop on?
   매장이 몇 **층**에 있습니까?

7. He is a baseball player in the major [_____].
   그는 메이저 **리그**에서 뛰고 있는 야구 선수이다.

8. Troubles may [_____] from the *process.  *2권-Day25
   과정에서 문제들이 **발생할** 수 있습니다.

9. If you [_____], I will not stop you.
   당신이 **우긴다면**, 말리지 않겠습니다.

10. Drive [_____]ly on the wet road.
    젖은 도로에서 운전 **조심하세요**.

Self Test : 뜻을 아는 단어에 ☑ 표시하세요.

☐ 1. **remind**

The movie *remind*s me of my school days.

☐ 2. **triumph**

Their *triumph* is unbelievable.

☐ 3. **wish**

I *wish* I could finish it soon.

☐ 4. **owner**

He is the previous *owner*.

☐ 5. **breast**

It was cooked with chicken *breast*.

☐ 6. **mate**

Male birds attract a *mate* with songs.

☐ 7. **candle**

It's too dark. Light the *candle*s!

☐ 8. **mention**

As *mention*ed before, it's no simple matter.

☐ 9. **succeed**

No doubt you will *succeed*.

☐ 10. **new**

I'm *new* here / to this city.

**Learn** : 모르는 단어 위주로 학습하세요

## 1. **remind** [rimáind] [리**마**인드]

동 상기시키다, 일깨우다

Please *remind* me to start on time.
제 시간에 출발하도록 **일깨워** 주세요.

## 2. **triumph** [tráiəmf] [트**라**이엄프]

명 승리

The \*athlete enjoyed his *triumph* with a bottle of champagne.
그 \*운동선수는 샴페인 병을 터뜨리며 **승리**를 자축했다.

## 3. **wish** [wiʃ] [위시]

동 …이면 좋겠다, 바라다 명 바람, 의도

We *wish* to \*repurchase the same item.
같은 품목의 재구매를 **원합니다**. *1권-Day50

\*re : "다시~하다"

## 4. **owner** [óunər] [**오**우너~]

명 주인, 소유주

She is the co-*owner* of the building.
그녀는 건물의 공동 **소유주**이다.

## 5. **breast** [brest] [브레ㅅ트]

명 가슴

He put a ribbon on the *breast*.
그는 **가슴**에 리본을 달았다.

6. **mate** [meit] [메일ㅌ]

> 명 친구, 짝
>
> She is an old *mate* of mine.
> 그녀는 나의 오랜 단짝입니다.

7. **candle** [kǽndl] [캔들]

> 명 양초
>
> We blew out the *candle*s.
> 우리는 촛불을 불어 껐다.

8. **mention** [ménʃən] [멘션]

> 동 말하다, 언급하다
>
> Don't *mention* it!
> 별 말씀을 다하세요! (정말 괜찮습니다.)

9. **succeed** [səksíːd] [썩씨이드]

> 동 성공하다
>
> *succeed* in (a new business)
> (새로운 사업에서) 성공하다.

10. **new** [nuː / njuː] [뉴]

> 형 새로운
>
> a *new* (employee / record)
> 신입 사원 / 이전에 없던 기록

✐ **Self Evaluation** : 빈칸에 알맞은 단어를 쓰세요.

1. The movie [          ]s me of my school days.
   영화가 나의 학창 시절을 **떠오르게 합니다.**

2. Their [          ] is *unbelievable.
   그들의 승리는 믿을 수 없는 일이다. *2권-Day15

   ✎ *unbelievable [ʌnbilíːvəbl]
   : 믿을 수 없는

3. I [          ] I could finish it soon.
   그 일을 곧 끝낼 수 있으면 **좋겠습니다.**

4. He is the *previous [          ]. *1권-Day36
   그는 *이전 주인입니다.

5. It was cooked with chicken [          ].
   닭**가슴살**로 만든 것입니다.

6. Male birds *attract a [          ] with songs. *3권-Day9
   수컷 새들이 노래로 **짝**을 유혹한다.

7. It's too dark. Light the [          ]s!
   너무 어두워요. **양초를** 켜 보세요!

8. As [          ]ed before, it's no simple matter.
   전에 **언급했듯이,** 쉬운 일이 아닙니다.

9. No doubt you will [          ].
   반드시 **성공하실** 거예요!

10. I'm [          ] here / to this city.
    (이곳은 / 이 도시는) **처음입니다.**

**Self Test** : 뜻을 아는 단어에 ☑ 표시하세요.

☐ 1. **respect**
I always *respect* my parents.

☐ 2. **affair**
The *affair* was reported by the press.

☐ 3. **ear**
I couldn't believe my *ear*s.

☐ 4. **district**
What is the best way to see that *district*?

☐ 5. **genuine**
*Genuine* courage is required for it.

☐ 6. **manner**
It will be done in a traditional *manner*.

☐ 7. **honor**
This is a great *honor*.

☐ 8. **consult**
Please *consult* this book.

☐ 9. **concentrate**
We can't *concentrate* on it now.

☐ 10. **obvious**
It's *obvious* that they don't care about it.

**Learn** : 모르는 단어 위주로 학습하세요

## 1. **respect** [rispékt] [리스**펙**트]

⟨명⟩⟨동⟩존경[하다]

The teacher is well *respect*ed by many students.
그 교사는 많은 학생들로부터 **존경**을 받고 있다.

## 2. **affair** [əfɛ́ər] [어페어~]

⟨명⟩일, 문제

deal with (a love *affair*/foreign *affair*s)
연애 **사건**을/외교 **문제**를 다루다

## 3. **ear** [iər] [이어~]

⟨명⟩귀

She plays by *ear*.
그녀는 악보 없이 **귀**로 듣고 연주한다.

## 4. **district** [dístrikt] [**디**스트릭트]

⟨명⟩지구, 지역

the shopping / theater *district*
상점가 / 극장가

## 5. **genuine** [dʒénjuin] [제뉴인]

⟨형⟩진짜의, 진정한

These are all *genuine* products.
이것들은 모두 **진품**들입니다.

## 6. **manner** [mǽnər] [매너]

> 명 태도, 예의, 방식
>
> He spoke in a relaxed *manner*.
> 그는 편안한 **태도**로 말했다.

## 7. **honor** [ánər] [아너~]

> 명 영광, 명예　동 존경하다
>
> He is a man *honor*ed by many people.
> 그는 많은 사람들의 **존경**을 받는 사람이다.

## 8. **consult** [kənsʌ́lt] [컨설트]

> 동 상담하다
>
> *consult* a lawyer (a doctor)
> 변호사(의사)로부터 (조언을 구하며)**상의하다**.

## 9. **concentrate** [kánsəntrèit] [칸쎈트레이트]

> 동 집중하다
>
> I have to *concentrate* on my work to meet a deadline.
> 마감일을 지키기 위해 나는 내 일에 **집중해야**만 한다.

## 10. **obvious** [ábviəs] [아비어쓰]

> 형 분명한, 확실한
>
> They *presented an *obvious* solution.　*1권-Day50
> 그들은 **분명한** 해결책을 *제시했다.

## Self Evaluation : 빈칸에 알맞은 단어를 쓰세요.

1. I always [          ] my parents.
   나는 부모님을 항상 **존경한다**.

2. The [          ] was reported by the press.
   그 **문제**는 언론에 의해 보도되었다.

3. I couldn't believe my [          ]s.
   나는 내 **귀**를 의심했다. (믿을 수 없었다)

4. What is the best way to see that [          ]?
   그 **지역**을 구경하는 가장 좋은 방법이 무엇입니까?

5. [          ] courage is required for it.
   그 일을 위해 **진정한** 용기가 요구된다.

6. It will be done in a traditional [          ].
   그 일은 전통적인 **방식**으로 행해질 것입니다.

7. This is a great [          ].
   매우 **영광**입니다.

8. Please [          ] this book.
   이 책을 **참고하십시오**.

9. We can't [          ] on it now.
   우린 지금 그 일에 **집중할** 수가 없습니다.

10. It's [          ] that they don't *care about it. *1-Day33
    그들이 그 일에 관여하지 않음이 **명백**하다.

## Self Evaluation : 뜻을 아는 단어에 ☑ 표시하세요.

| | | |
|---|---|---|
| ☐ 1 sand | ☐ 18 suspect | ☐ 35 breast |
| ☐ 2 childhood | ☐ 19 pause | ☐ 36 mate |
| ☐ 3 strain | ☐ 20 yell | ☐ 37 candle |
| ☐ 4 bother | ☐ 21 error | ☐ 38 mention |
| ☐ 5 cap | ☐ 22 float | ☐ 39 succeed |
| ☐ 6 skirt | ☐ 23 promotion | ☐ 40 new |
| ☐ 7 comment | ☐ 24 dinner | ☐ 41 respect |
| ☐ 8 destroy | ☐ 25 shock | ☐ 42 affair |
| ☐ 9 highlight | ☐ 26 floor | ☐ 43 ear |
| ☐ 10 strict | ☐ 27 league | ☐ 44 district |
| ☐ 11 poem | ☐ 28 arise | ☐ 45 genuine |
| ☐ 12 wife | ☐ 29 insist | ☐ 46 manner |
| ☐ 13 editor | ☐ 30 careful | ☐ 47 honor |
| ☐ 14 steal | ☐ 31 remind | ☐ 48 consult |
| ☐ 15 swim | ☐ 32 triumph | ☐ 49 concentrate |
| ☐ 16 god | ☐ 33 wish | ☐ 50 obvious |
| ☐ 17 fault | ☐ 34 owner | |

Review
7

배운 단어를 얼마나 기억하세요? 정답은 192page 참조
• 맞은 갯수 30개 이하: 수고하셨어요. 한 번만 더 복습^^
• 맞은 갯수 30개 이상: OK! 어려운 단어 복습
• 맞은 갯수 40개 이상: Very Good!!

*한 차원 높은 사고력!

영단어 기본 다지기 ┃ Level 2

## 🔑 Self Evaluation : 빈칸을 채워 보세요.

[세로열쇠]
①comment ②sand ③promotion ④wish ⑤honor ⑥wife
⑦succeed

[가로열쇠]
❶suspect ❷mention ❸arise ❹destroy ❺editor
❻error ❼remind

## ♀ [세로열쇠]

① There was no ⬚ from the agency.

② Enjoy a romantic ⬚ y beach!

③ This is a program for health ⬚ .

④ I ⬚ I could finish it soon.

⑤ This is a great ⬚ .

⑥ Your ⬚ will be satisfied with it.

⑦ No doubt you will ⬚ !

## ⌐○[가로열쇠]

❶ I ⬚ the truth of her statement.

❷ As ⬚ ed before, it's no simple matter.

❸ Troubles may ⬚ from the process.

❹ Mountain areas should not be ⬚ ed.

❺ The ⬚ will start editing soon.

❻ It's an ⬚ message while uploading.

❼ Please ⬚ me to start on time.

## Self Evaluation : 뜻 해석

| | | | | | |
|---|---|---|---|---|---|
| 1 | 모래 | 18 | 의심하다, 용의자 | 35 | 가슴 |
| 2 | 어린 시절 | 19 | 잠시 멈추다 | 36 | 친구, 짝 |
| 3 | 부담, 당기다 | 20 | 소리치다 | 37 | 양초 |
| 4 | 신경 쓰이게 하다, 괴롭히다 | 21 | 실수 | 38 | 말하다, 언급하다 |
| 5 | 모자 | 22 | 떠오르다, 떠다니다 | 39 | 성공하다 |
| 6 | 치마, 변두리 | 23 | 승진 | 40 | 새로운 |
| 7 | 논평, 언급 | 24 | 저녁식사 | 41 | 존경(하다) |
| 8 | 파괴하다, 망치다 | 25 | 충격(을 주다) | 42 | 일, 문제 |
| 9 | 강조하다 | 26 | 바닥, (건물의)층 | 43 | 귀 |
| 10 | 엄격한 | 27 | 리그, 연맹 | 44 | 지구, 지역 |
| 11 | 시 | 28 | 생기다, 발생하다 | 45 | 진짜의, 진정한 |
| 12 | 아내 | 29 | 우기다, 주장하다 | 46 | 태도, 예의 |
| 13 | 편집자(장), 논설위원 | 30 | 조심하는, 주의 깊은 | 47 | 영광, 존경하다 |
| 14 | 도둑질하다 | 31 | 상기시키다, 일깨우다 | 48 | 상담하다 |
| 15 | 수영하다 | 32 | 승리 | 49 | 집중하다 |
| 16 | 신 | 33 | …이면 좋겠다, 바라다 | 50 | 분명한, 확실한 |
| 17 | 잘못, 단점 | 34 | 주인, 소유주 | | |

왕초보 탈출 영단어 **ABC**

# 영단어
## 기본 다지기  Level 2

*Day
**36** ~ **40**

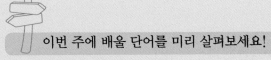

| | | | | |
|---|---|---|---|---|
| 1 slice | 11 presence | 21 detail | 31 bake | 41 cousin |
| 2 courage | 12 anxiety | 22 storm | 32 branch | 42 all |
| 3 operation | 13 writer | 23 proposal | 33 heal | 43 brick |
| 4 emergency | 14 meal | 24 surprise | 34 hurry | 44 professor |
| 5 homework | 15 satisfaction | 25 chapter | 35 door | 45 husband |
| 6 lunch | 16 female | 26 award | 36 pleasure | 46 peace |
| 7 engineer | 17 trust | 27 bag | 37 pool | 47 diet |
| 8 suffer | 18 justify | 28 possess | 38 approve | 48 trick |
| 9 throw | 19 host | 29 relieve | 39 confirm | 49 delay |
| 10 stable | 20 minor | 30 forever | 40 ancestor | 50 shout |

**Self Test** : 뜻을 아는 단어에 ☑ 표시하세요.

- [ ] 1. **slice**
  May I have a cup of tea with a *slice* of lemon?

- [ ] 2. **courage**
  She didn't have the *courage* to refuse.

- [ ] 3. **operation**
  This *operation* was well done.

- [ ] 4. **emergency**
  Ring the bell in an *emergency*.

- [ ] 5. **homework**
  I have to finish today's *homework*.

- [ ] 6. **lunch**
  Oh, it's time for *lunch*.

- [ ] 7. **engineer**
  The *engineer* continued the same test.

- [ ] 8. **suffer**
  The town *suffer*ed a heavy flood.

- [ ] 9. **throw**
  *Throw* the key to me.

- [ ] 10. **stable**
  The management doesn't seem *stable*.

Day 36

**Learn** : 모르는 단어 위주로 학습하세요

## 1. **slice** [slais] [슬라이쓰]

명(얇은)조각 동(얇게)자르다

Would you like to have a *slice* of bread?
빵 한 **조각** 드시겠습니까?

## 2. **courage** [kə́ːridʒ] [커리지]

명용기

It takes *courage* to start a new business.
새로운 사업을 시작하는 데 **용기**가 필요하다.

## 3. **operation** [àpəréiʃən] [아퍼레이션]

명수술, 작업, 작전

She had an *operation* on her leg.
그녀는 다리 **수술**을 받았다.

*operate
: 작업(수술)하다

## 4. **emergency** [imə́ːrdʒənsi] [이머~전씨]

명비상(사태), 응급 상황

Let's *deal with an *emergency* first.
우선 **응급 상황**부터 처리합시다.

*deal with
: 다루다

## 5. **homework** [hóumwəːrk] [호움워~ㅋ]

명숙제, 과제

Sam helped me with my *homework*.
쌤이 나의 **숙제**를 도와주었다.

## 6. lunch [lʌntʃ] [ㄹ런치]

명점심 식사

Let's talk about it over *lunch*.
점심 식사 하면서 논의합시다.

## 7. engineer [èndʒiníər] [엔지니어~]

명기술자, 수리공, (철도의) 기관사

How long have you been an *engineer*?
기술자로 일한지 얼마나 되셨습니까?

## 8. suffer [sʌ́fər] [써퍼~]

동고통받다, 시달리다

*suffer* from (a loss / *jet leg)
(경제적 손실로 / *시차로(비행) ) 고생하다

*jet leg : 시차

## 9. throw [θrou] [쓰로우]

동던지다, 내몰다 명던지기

Please don't *throw* away garbage here.
쓰레기를 이 곳에 **버리지** 마세요.

## 10. stable [stéibl] [스테이블]

형안정적인

The records look *stable*.
기록이 **안정적으로** 보입니다.

**Self Evaluation** : 빈칸에 알맞은 단어를 쓰세요.

1. May I have a cup of tea with a [          ] of lemon?
   홍차에 레몬 한 **조각** 띄워 주시겠어요?

2. She didn't have the [          ] to refuse.
   그녀는 거절할 **용기**가 없었다.

3. This [          ] was well done.
   이 **사업**은 순조롭게 진행되었다.

4. Ring the bell in an [          ].
   **비상사태**가 발생했을 시에는 그 벨을 울리시오.

5. I have to finish today's [          ].
   나는 오늘의 **숙제**를 마쳐야 한다.

6. Oh, it's time for [          ].
   아, **점심 식사**시간입니다.

7. The [          ] continued the same test.
   **공학자**는 같은 실험을 계속했다.

8. The town [          ]ed a heavy flood.
   그 도시는 엄청난 물난리(홍수)를 **겪었다**.

9. [          ] the key to me.
   열쇠를 던져 주세요.

10. The management doesn't seem [          ].
    경영이 **안정적**으로 보이지 않는다.

Self Test : 뜻을 아는 단어에 ☑ 표시하세요.

□ 1. **presence**
Thank you for your *presence*!

□ 2. **anxiety**
*Anxiety* kept her awake all night.

□ 3. **writer**
She used to be a freelance *writer*.

□ 4. **meal**
This *meal* fills the bill.

□ 5. **satisfaction**
She signed on the sheet with *satisfaction*.

□ 6. **female**
More *female* workers will be hired.

□ 7. **trust**
gain/lose customers' *trust*

□ 8. **justify**
She tried to *justify* herself.

□ 9. **host**
The *host* prepared everything himself.

□ 10. **minor**
Please understand *minor* changes.

Day
37

**Learn** : 모르는 단어 위주로 학습하세요

## 1. **presence** [prézns] [프레즌쓰]

> 명 존재함, 참석
>
> The robots sense our *presence*.
> 로봇이 우리의 **존재**를 인지합니다.

## 2. **anxiety** [æŋzáiəti] [앵자이어티]

> 명 불안감, 열망
>
> have *anxieties* about (one's)future
> 미래에 대하여 **불안감**을 갖다.

## 3. **writer** [ráitər] [라이터~]

> 명 작가, 저술가
>
> She is one of the most popular *writer*s.
> 그녀는 가장 인기 있는 **저술가** 중 한 명이다.

## 4. **meal** [miːl] [미일]

> 명 식사, 끼니
>
> Enjoy your *meal*!
> **식사** 맛있게 잘 드세요!

## 5. **satisfaction** [sætisfǽkʃən] [쌔티ㅆ팩션]

> 명 만족, 충족
>
> Their conditions meet our *satisfaction*.
> 그들의 조건이 **만족**스럽습니다.

6. **female** [fíːmeil] [피메일]

명형여성(의), 암컷(의)

The *female* tennis team lost the final.
여성 테니스팀이 결승에서 패배했다.

7. **trust** [trʌst] [트러ㅅ트]

명동신뢰, 신임[하다]

You don't have to worry! *Trust* me!
염려 안 하셔도 됩니다. 저를 믿으세요!

8. **justify** [dʒʌ́stəài] [저스트파이]

동정당화하다, 해명하다

Let me *justify* our action.
우리의 조치에 대하여 **해명해** 드리겠습니다.

9. **host** [houst] [호우ㅅ트]

명주최자, 주인 동주최하다

We are *thankful to the *host*.
주최자에게 *감사한 마음입니다.

10. **minor** [máinər] [마이너~]

형사소한, 작은 명미성년자

Please forget about *minor* matters.
사소한 일은 신경 쓰지 마세요.

Day
37

*✎* **Self Evaluation** : 빈칸에 알맞은 단어를 쓰세요.

1. Thank you for your ⬚ !
   **참석**해 주셔서 감사합니다.

2. ⬚ kept her awake all night.
   **불안감** 때문에 그녀는 한숨도 못 잤다.

3. She used to be a freelance ⬚ .
   그녀는 자유 **기고가**(프리랜서 **작가**)였습니다.

4. This ⬚ *fills the bill.
   이 **식사** 훌륭합니다.

   > 'bill'계산서를 'fill'채우기에 부족함이 없다.

5. She signed on the *sheet with ⬚ .
   그녀는 **만족**하여 *용지에 서명했다.　*2권-Day30*

6. More ⬚ workers will be hired.
   더 많은 **여성** 근로자들이 채용될 것이다.

7. gain/lose customers' ⬚
   고객들의 **신뢰**를 얻다/잃다.

8. She tried to ⬚ herself.
   그녀는 자신을 **정당화**하려고 노력했다.

9. The ⬚ prepared everything himself.
   **주최자**가 모든 것을 직접 준비했다.

10. Please understand ⬚ changes.
    **작은** 변경들이 있더라도 이해해 주시기 바랍니다.

**Self Test** : 뜻을 아는 단어에 ☑ 표시하세요.

☐ 1. **detail**
Please explain the process in *detail*.

☐ 2. **storm**
The field is calm after the *storm*.

☐ 3. **proposal**
The management turned down the *proposal*.

☐ 4. **surprise**
I have a *surprise* for you.

☐ 5. **chapter**
Let's move on to the next *chapter*.

☐ 6. **award**
She was given the *award* for ~

☐ 7. **bag**
I didn't get my luggage *bag* yet.

☐ 8. **possess**
The police asked him if he *possess*ed real estate.

☐ 9. **relieve**
I need some medicine to *relieve* my pain.

☐ 10. **forever**
It seems to be going on *forever*.

Day
38

📖 **Learn** : 모르는 단어 위주로 학습하세요

## 1. **detail** [ditéil] [디테일]

명세부사항 통상세히 말하다

the *detail*s of the plan/the goods
(계획/상품)에 관한 세부 사항

## 2. **storm** [stɔ:rm] [ㅅ토오~엄]

명폭풍

The town is prepared for the *storm*.
도시는 폭풍에 대비가 되어 있다.

## 3. **proposal** [prəpóuzəl] [프러포우절]

명제안, 제의

They were all agreeable to our *proposal*.
그들은 모두 우리의 제안에 기꺼이 응했다.

## 4. **surprise** [sərpráiz] [써~프라이즈]

통놀라게 하다 명놀라움, 놀라운 일

His behavior *surprise*d everybody.
그의 행동은 모두를 놀라게 했다.

## 5. **chapter** [ʧǽptər] [챕터~]

명(책의) 장

Our *contact number is in the last *chaper*.
마지막 장에 *연락처가 있습니다. *2권-Day8*

## 6. **award** [əwɔ́:rd] [어**워**~드]

    몡상 통수여하다
    (win / *present) an *award*　*1권–Day50
    상을 (받다 / *주다)

## 7. **bag** [bæg] [백]

    몡가방, (가게 등의)봉투
    I have some *bag*s to *check in.
    보내야 할 짐이 있습니다.

    *check
    : 수하물로 보내다

## 8. **possess** [pəzés] [퍼**제**쓰]

    통소유하다
    He tried to *possess* new skills.
    그는 새로운 기술을 보유하기 위해 노력했다.

## 9. **relieve** [rilí:v] [릴**리**이ㅂ]

    통(문제의 심각성을) 완화하다, 안도(하게)하다
    I feel *relieve*d to hear that.
    그 말을 들으니 안심이 됩니다.

## 10. **forever** [fərévər] [퍼~**에**버~]

    뷔영원히, 장시간
    It takes *forever* to get there.
    그곳까지 가는 데 장시간(너무 오래) 걸린다.

✎ **Self Evaluation** : 빈칸에 알맞은 단어를 쓰세요.

1. Please explain the process in ⬚.
   과정을 **상세히** 설명해 주세요.

2. The field is calm after the ⬚.
   **폭풍** 뒤 들판이 고요하다.

3. The management turned down the ⬚.
   경영진은 그 **제안**을 부결시켰다.

4. I have a ⬚ for you.
   뜻밖의 (**놀라운**) 소식이 있어요.

5. Let's move on to the next ⬚.
   다음 **장**으로 넘어갑시다.

6. She was given the ⬚ *for ~
   ~의 *대가로 **상**을 받았다

7. I didn't get my *luggage ⬚ yet.
   내 ***짐**을 아직 돌려받지 못했습니다..

   ✎ *luggage [lʌ́gɪdʒ]
   : 짐, 수하물

8. The police asked him if he ⬚ed real estate.
   경찰은 그에게 부동산을 **소유하고** 있는지 물었다.

9. I need some medicine to ⬚ my pain.
   고통을 **완화시켜** 줄 약이 필요하다.

10. It seems to be going on ⬚.
    끝날 기미가 안 보여요. (매우 **오래 지속됨**을 의미)

Self Test : 뜻을 아는 단어에 ☑ 표시하세요.

□ 1. **bake**
The ground was *bake*d in the sun.

□ 2. **branch**
He was sent to a *branch* office.

□ 3. **heal**
His knees have *heal*ed up.

□ 4. **hurry**
He set out in a *hurry*.

□ 5. **door**
Do you mind opening the *door*?

□ 6. **pleasure**
Traveling is one of my great *pleasure*s.

□ 7. **pool**
Frogs lay eggs in small *pool*s.

□ 8. **approve**
The committee *approve*d of the new system.

□ 9. **confirm**
review and *confirm* the details

□ 10. **ancestor**
People visit their *ancestor*s' graves on Chuseok.

Day
39

**Learn** : 모르는 단어 위주로 학습하세요

## 1. **bake** [beik] [베잌ㅋ]

동(음식을) 굽다

I ordered *bake*d potatoes and juice.
구운 통 감자와 주스를 주문했다.

## 2. **branch** [brænʧ] [브랜치]

명동나뭇가지, 지점, 갈라지다

The kid watched a bug on a *branch*.
아이는 나뭇가지 위의 벌레를 지켜보았다.

## 3. **heal** [hi:l] [히을]

명낫게 하다, 낫다

*heal* (cuts / sick people)
베인 상처를 / 아픈 사람들을 치유하다

## 4. **hurry** [hə́:ri] [허~리]

동서두르다 명서두름

He *hurried* on to the taxi stand.
그는 서둘러 택시 승강장으로 갔다.

> hurry로 말하기
> There's no hurry.
> 서두를 필요 없습니다.
> I'm in a hurry.
> 시간이 없어요. (좀 급합니다.)

## 5. **door** [dɔ:r] [도~]

명문

Unlock the *door* with this key.
이 열쇠로 잠긴 문을 여세요.

## 6. **pleasure** [pléʒər] [플레져~]

몡기쁨, 즐거움

It's a *pleasure* to give you good news.
좋은 소식을 전하게 되어 기쁩니다.

## 7. **pool** [puːl] [푸울]

몡수영장, 웅덩이

He swims at a local swimming *pool*.
그는 동네 수영장에서 수영을 한다.

## 8. **approve** [əprúːv] [어푸루우브]

통찬성하다, 승인하다

Smoking is not *approve*d in many places.
흡연이 많은 곳에서 허용되지 않고 있다.

## 9. **confirm** [kənfə́ːrm] [컨퍼~엄]

통확인하다, 확정하다

*confirm* a *reservation on the phone
전화로 예약을 확인하다.　*1권-Day47 'reserve 예약하다'의 명사!

Day
39

## 10. **ancestor** [ǽnsestər] [앤쎄스터~]

몡선조, 조상

It is a custom from our *ancestor*s.
이것은 조상들로부터 내려온 우리의 관습이다.

## Self Evaluation : 빈칸에 알맞은 단어를 쓰세요.

1. The ground was [          ]d in the sun.
   땅이 햇볕에 **달구어졌다**.

2. He was sent to a [          ] office.
   그는 **지점**으로 파견되었다(보내졌다).

3. His knees have [          ]ed up.
   그의 무릎이 다 **나았습니다**.

4. He *set out in a [          ].
   그는 **서둘러** *출발했다.

5. Do you *mind opening the [          ]?
   문을 열어도 될까요? (문 여는것이 혹시 싫으십니까? *mind:꺼리다 1-Day31)

6. Traveling is one of my great [          ]s.
   여행은 나의 큰 **즐거움** 중의 하나이다.

7. Frogs lay eggs in small [          ]s.
   개구리들은 작은 **웅덩이**에 알을 낳는다.

8. The committee [          ]d of the new system.
   위원회는 새로운 제도를 **승인했다**.

9. review and [          ] the *details
   세부 사항들을 검토하고 **확인하다** *2권-Day38

10. People visit their [          ]s' *graves on Chuseok.
    사람들은 추석 때면 **조상**의 *묘를 찾는다.

👉 **Self Test** : 뜻을 아는 단어에 ☑ 표시하세요.

☐ 1. **cousin**
I have a lot in common with my *cousin*s.

☐ 2. **all**
These are *all* of my notes.

☐ 3. **brick**
It is just behind the *brick* wall.

☐ 4. **professor**
the youngest *professor* in the field of~

☐ 5. **husband**
My *husband* will drive me to work.

☐ 6. **peace**
They have lived in *peace* for years.

☐ 7. **diet**
I'm on a *diet* for weight control.

☐ 8. **trick**
He showed us a magic *trick*.

☐ 9. **delay**
It is due to the *delay* of the train.

☐ 10. **shout**
She *shout*ed for joy at the news.

**Learn** : 모르는 단어 위주로 학습하세요

## 1. **cousin** [kʌzn] [커즌]

명 사촌

My *cousin* \*bought me a wedding gift.
**사촌** 동생이 내게 결혼 선물을 사주었다.

> \*bought [bɔːt]
> : 'buy사다'의 과거

## 2. **all** [ɔːl] [오올]

대 모두 부 완전히 형 모든

It's a good chance for *all* of us.
우리들 **모두**에게 좋은 기회이다.

## 3. **brick** [brik] [브릭ㅋ]

명 벽돌

The house is built of *brick*.
그 집은 **벽돌**로 지어졌다.

## 4. **professor** [prəfésər] [프러**페**써~]

명 교수

What do you think about *Professor* Grace's lecture?
Grace **교수**님의 강의를 들은 소감이 어떠세요?

## 5. **husband** [hʌzbənd] [허즈번드]

명 남편

My dad is an ideal *husband* for my mom.
아버지는 어머니에게 이상적인 **남편**이다.

## 6. **peace** [piːs] [피이쓰]

명평화

an effort for global *peace*
세계 **평화**를 위한 노력

## 7. **diet** [dáiət] [**다**이어트]

명식이요법, 식사

I recommend a plant-based *diet*.
채식 위주의 **식단**을 제안합니다.

## 8. **trick** [trik] [트립ㅋ]

명묘책, 장난  동속이다

We need a *trick* to deal with it.
그 일을 다루려면 **묘책**이 필요합니다.

## 9. **delay** [diléi] [딜**레**이]

명지연, 지체  동미루다, 연기하다

All TV programs are being *delay*ed.
모든 텔레비전 프로그램들이 **지연되고** 있다.

## 10. **shout** [ʃaut] [샤울ㅌ]

*잠깐!
at/to 뜻의 차이에 유의!!

명동고함(치다), 외치다

*shout* [at] her / *shout* [to] her
(화가 나서)**외치다** / (들리도록 크게)**외치다**

# Self Evaluation : 빈칸에 알맞은 단어를 쓰세요.

1. I *have a lot in common with my [          ]s.
   나는 **사촌들**과 공통점이 많다.

   > *have a lot in common with
   > : 공통점이 많다.
   > *1-Day29

2. These are [          ] of my notes.
   이것이 내가 메모한 **전부**입니다.

3. It is just behind the [          ] wall.
   그것은 **벽돌담** 바로 뒤에 있다.

4. the youngest [          ] in the field of~
   ~분야에서 최연소 **교수**

5. My [          ] will drive me to work.
   **남편**이 직장까지 차로 운전해 줄 거예요.

6. They have lived in [          ] for years.
   그들은 수년간 **평화롭게** 지냈다.

7. I'm on a [          ] for weight control.
   나는 체중 조절을 위해 **식이 요법**을 하고 있습니다.

8. He showed us a *magic [          ].
   그는 우리 앞에서 *마술을 선보였다.

9. It is due to the [          ] of the train.
   이 일은 기차의 **연착**으로 인한 것입니다.

10. She [          ]ed for joy at the news.
    그녀는 소식을 듣고 기뻐서 **외쳤다**.

-☼- **Self Evaluation** : 뜻을 아는 단어에 ☑ 표시하세요.

| | | |
|---|---|---|
| ☐ 1 slice | ☐ 18 justify | ☐ 35 door |
| ☐ 2 courage | ☐ 19 host | ☐ 36 pleasure |
| ☐ 3 operation | ☐ 20 minor | ☐ 37 pool |
| ☐ 4 emergency | ☐ 21 detail | ☐ 38 approve |
| ☐ 5 homework | ☐ 22 storm | ☐ 39 confirm |
| ☐ 6 lunch | ☐ 23 proposal | ☐ 40 ancestor |
| ☐ 7 engineer | ☐ 24 surprise | ☐ 41 cousin |
| ☐ 8 suffer | ☐ 25 chapter | ☐ 42 all |
| ☐ 9 throw | ☐ 26 award | ☐ 43 brick |
| ☐ 10 stable | ☐ 27 bag | ☐ 44 professor |
| ☐ 11 presence | ☐ 28 possess | ☐ 45 husband |
| ☐ 12 anxiety | ☐ 29 relieve | ☐ 46 peace |
| ☐ 13 writer | ☐ 30 forever | ☐ 47 diet |
| ☐ 14 meal | ☐ 31 bake | ☐ 48 trick |
| ☐ 15 satisfaction | ☐ 32 branch | ☐ 49 delay |
| ☐ 16 female | ☐ 33 heal | ☐ 50 shout |
| ☐ 17 trust | ☐ 34 hurry | |

배운 단어를 얼마나 기억하세요? 정답은 218page 참조
• 맞은 갯수 30개 이하: 수고하셨어요. 한 번만 더 복습^^
• 맞은 갯수 30개 이상: OK! 어려운 단어 복습
• 맞은 갯수 40개 이상: Very Good!!

Review
8

## 🔑 Self Evaluation : 빈칸을 채워 보세요.

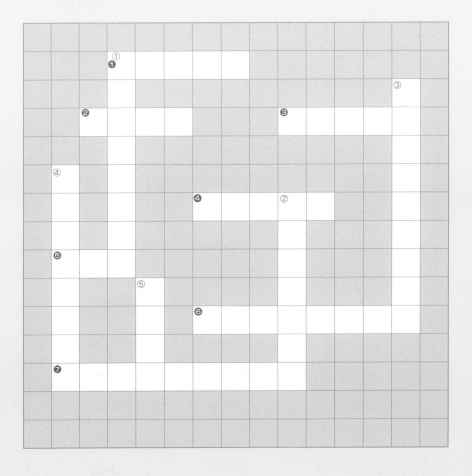

[가로열쇠]
❶peace ❷host ❸minor ❹delay ❺all ❻ancestor ❼emergency

[세로열쇠]
①proposal ②anxiety ③ professor ④pleasure ⑤door

## 🔑 [세로열쇠]

① The management turned down the [          ].

② [          ] kept her awake all night.

③ the youngest [          ] in the field of~

④ Traveling is one of my great [          ]s.

⑤ Do you mind opening the [          ]?

## 🔑 [가로열쇠]

❶ They have lived in [          ] for years.

❷ The [          ] prepared everything himself.

❸ Please understand [          ] changes.

❹ It is due to the [          ] of the train.

❺ These are [          ] of my notes.

❻ People visit their [          ]s' graves on Chuseok.

❼ Ring the bell in an [          ].

## Self Evaluation : 뜻 해석

| | | |
|---|---|---|
| 1 (얇은)조각, (얇게)썰다 | 18 정당화하다 | 35 문 |
| 2 용기 | 19 주최자, 주인 | 36 기쁨, 즐거움 |
| 3 수술, 작업, 작전 | 20 사소한, 작은 | 37 수영장, 웅덩이 |
| 4 비상(사태) | 21 세부사항 | 38 찬성하다, 승인하다 |
| 5 숙제, 과제 | 22 폭풍 | 39 확인하다, 확정하다 |
| 6 점심식사 | 23 제안, 제의 | 40 선조, 조상 |
| 7 기술자, 수리공 | 24 놀라게 하다 | 41 사촌 |
| 8 고통받다, 시달리다 | 25 (책의) 장 | 42 모두, 모든 |
| 9 던지다 | 26 상 | 43 벽돌 |
| 10 안정적인 | 27 가방, 봉투 | 44 교수 |
| 11 존재함, 참석 | 28 소유하다 | 45 남편 |
| 12 불안감, 열망 | 29 완화하다, 안도하다 | 46 평화 |
| 13 작가, 저술가 | 30 영원히 | 47 식이요법 |
| 14 식사, 끼니 | 31 (음식을) 굽다 | 48 묘책, 장난 |
| 15 만족, 충족 | 32 나뭇가지, 지점 | 49 지연, 미루다 |
| 16 여성(의), 암컷(의) | 33 낫게 하다, 낫다 | 50 고함(치다), 외치다 |
| 17 신뢰, 신임(하다) | 34 서두르다 | |

왕초보 탈출 영단어 **ABC**

# 영단어
## 기본 다지기 Level 2

*Day
**41** ~ **45**

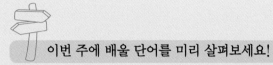

| | | | | |
|---|---|---|---|---|
| 1 lie | 11 tip | 21 poet | 31 voyage | 41 arrival |
| 2 mixture | 12 mud | 22 passenger | 32 window | 42 bathroom |
| 3 desk | 13 pour | 23 outcome | 33 request | 43 honey |
| 4 client | 14 tension | 24 grade | 34 bar | 44 any |
| 5 mouth | 15 bottle | 25 brother | 35 coach | 45 ladder |
| 6 mail | 16 clue | 26 roll | 36 ship | 46 closet |
| 7 ignore | 17 retain | 27 permit | 37 dig | 47 parent |
| 8 calculate | 18 settle | 28 criticize | 38 admire | 48 extend |
| 9 surround | 19 reveal | 29 senior | 39 behavior | 49 sick |
| 10 aside | 20 famous | 30 hunt | 40 angry | 50 mad |

Self Test : 뜻을 아는 단어에 ☑ 표시하세요.

□ 1. **lie**
I had to tell a white *lie* at that time.

□ 2. **mixture**
Apply the *mixture* on the skin.

□ 3. **desk**
Your *desk* is a mess.

□ 4. **client**
The *client* requested the same data from me.

□ 5. **mouth**
*mouth*-watering dishes

□ 6. **mail**
I replied as soon as I received his *mail*.

□ 7. **ignore**
The driver *ignore*d the rules.

□ 8. **calculate**
Let's *calculate* our income.

□ 9. **surround**
A crowd *surround*ed the genius girl.

□ 10. **aside**
She pulled the curtain *aside*.

**Learn** : 모르는 단어 위주로 학습하세요

## 1. **lie** [lai] [ㄹ라이]

명눕다, 거짓말 하다

She *lie*s awake every night.
그녀는 매일 밤 **잠**을 이루지 못하고 있다.

## 2. **mixture** [míkstʃər] [**믹**스쳐~]

명혼합물

Add some sauce to the *mixture*.
혼합물에 소스를 넣으십시오.

## 3. **desk** [desk] [데스크]

명책상

Would you leave a message on the *desk*?
**책상** 위에 메모를 남겨 주시겠어요?

## 4. **client** [kláiənt] [클**라**이언트]

명(전문 서비스를 받는) 고객, 의뢰인

My *client*s are interested in coming to Korea.
내 **고객**들이 한국 방문에 관심이 있습니다.

## 5. **mouth** [mauθ] [마우쓰]

명입

The rumor *spread from *mouth* to *mouth*.
소문이 **입**에서 **입**으로 퍼졌다.   *2-Day4*

## 6. **mail** [meil] [메일]

명우편 동우편물을 발송하다

I didn't check my *mail* for a few days.
한동안(며칠간) 메일을 확인하지 못했다.

## 7. **ignore** [ignɔ́:r] [이ㄱ노~]

동무시하다

Please *ignore* this sound!
이 소리에 개의치 마세요!

## 8. **calculate** [kǽlkjulèit] [캘큘레잍트]

동계산하다

*calculate* the *interest /the total amount
이자를 /총액을 계산하다. *1-Day26

## 9. **surround** [səráund] [써라운드]

동둘러싸다

I can't see it *surround*ed by fog.
안개로 둘러싸여 있어서 잘 안 보입니다.

## 10. **aside** [əsáid] [어싸이드]

부한쪽으로

Put these boxes *aside*!
이 상자들을 한쪽으로 치우세요!

🖊 **Self Evaluation** : 빈칸에 알맞은 단어를 쓰세요.

1. I had to tell a \*white [          ] at that time.
   그 때는 선의의 **거짓말**을 해야 했다.

   🖊 \* white lie
      : 선의의 거짓말

2. Apply the [          ] on the skin.
   **섞은 것**을 피부에 바르세요.

3. Your [          ] is a mess.
   당신 **책상**이 엉망이네요.

4. The [          ] requested the same data from me.
   그 **고객**이 나로부터(나에게) 같은 자료를 요청했다.

5. [          ]-watering dishes
   **(입에)군침**이 도는 요리들

6. I replied as soon as I received his [          ].
   나는 친구의 **메일**을 받자 마자 답장을 썼다.

7. The driver [          ]d the rules.
   운전자는 규칙을 **무시했다**.

8. Let's [          ] our income.
   우리의 수입을 **계산해** 봅시다.

9. A crowd [          ]ed the \*genius girl.
   군중들이 \*천재 소녀를 **에워쌌다**.

10. She pulled the curtain [          ].
    그녀는 커튼을 **한쪽으로** 당겼다.

☞ **Self Test** : 뜻을 아는 단어에 ☑ 표시하세요.

☐ 1. **tip**

Watch out for the *tip* of the knife!

☐ 2. **mud**

There is *mud* all over the floor.

☐ 3. **pour**

She *pour*ed the sauce over the salad.

☐ 4. **tension**

Her voice *shook with *tension*.

☐ 5. **bottle**

You can open this *bottle* easily!

☐ 6. **clue**

Scientific evidence will be a *clue*.

☐ 7. **retain**

It's difficult to *retain* the same level.

☐ 8. **settle**

We agreed to *settle* out of court case.

☐ 9. **reveal**

He *reveal*ed his special methods.

☐ 10. **famous**

It is *famous* as a traditional building.

**Learn** : 모르는 단어 위주로 학습하세요

## 1. tip [tip] [팁]

명조언, (뾰족한)끝, 정보 동기울이다, 젖히다

*tip*s for traveling abroad
해외 여행을 위한 정보

## 2. mud [mʌd] [머드]

명진흙

My car is parked in the *mud*.
내 차가 진흙탕에 주차되어 있다.

## 3. pour [pɔːr] [포오~]

동붓다, 마구 쏟아지다

walk in the *pour*ing rain
쏟아지는 빗속을 걷다.

## 4. tension [ténʃən] [텐션]

명긴장

The anger and *tension* can bring on a heart attack.
분노와 긴장이 심장 마비를 일으킬 수 있다.

## 5. bottle [bάtl] [바틀]

명병

Touch the *bottle*s carefully!
병들은 주의해서 다뤄주세요!

## 6. clue [kluː] [클루]

명 단서, 실마리

Everything he says is a *clue*.
그는 하는 모든 말이 **단서**이다.

## 7. retain [ritéin] [리**테**인]

동 유지하다

It's important to *retain* its *quality. *1-Day57*
*품질을 **유지**하는 것이 중요합니다.

## 8. settle [sétl] [**쎄**틀]

동 해결하다, 결정하다, 정착하다

The problems were all *settle*d.
문제들이 모두 **해결되었다**.

## 9. reveal [rivíːl] [리**비**을]

동 드러내다

All *details were *reveal*ed by his report.
*상세한 내용은 그의 보도에서 **드러났다**. *2-Day38*

## 10. famous [féiməs] [**페**이머쓰]

형 유명한

What is this place *famous* for?
이 지역은 무엇으로 **유명합니까**?

Self Evaluation : 빈칸에 알맞은 단어를 쓰세요.

1. *Watch out for the [          ] of the knife!
   칼 끝을 **조심**하세요!

   *watch out for
   : ～를 조심하다

2. There is [          ] all over the floor.
   바닥이 **진흙**투성이다.

3. She [          ]ed the sauce over the salad.
   그녀는 샐러드에 소스를 **부었다**.

4. Her voice *shook with [          ].
   **긴장**을 해서 그녀의 목소리가 떨렸다.   *2-Day48

5. You can open this [          ] easily!
   이 **병**은 쉽게 열립니다!

6. Scientific *evidence will be a [          ].   *3-Day53
   과학적 증거가 **단서**가 될 것입니다.

7. It's difficult to [          ] the same level.
   같은 수준을 **유지하기**가 어렵다.

8. We agreed to [          ] out of court case.
   우리는 법정까지 가지 않고 **해결하기로** 동의했다.

9. He [          ]ed his special methods.
   그는 그의 특별한 방법들을 **드러냈다**.

10. It is [          ] as a traditional building.
    그것은 전통적으로 지은 건물로 **유명**하다.

👉 **Self Test** : 뜻을 아는 단어에 ☑ 표시하세요.

☐ 1. **poet**

The *poet* is remembered by many people.

☐ 2. **passenger**

The terminal was jammed with *passenger*s.

☐ 3. **outcome**

Whatever the *outcome*, I'm all right.

☐ 4. **grade**

All the fruits are *grade*d here.

☐ 5. **brother**

He gets along with his *brother*.

☐ 6. **roll**

*Roll* up the carpet in this way!

☐ 7. **permit**

Taking pictures is not *permit*ted here.

☐ 8. **criticize**

Stop *criticiz*ing my team members!

☐ 9. **senior**

*Senior* staff may refuse to do it.

☐ 10. **hunt**

*Hunt*ing is not allowed on this mountain.

**Learn** : 모르는 단어 위주로 학습하세요

### 1. **poet** [póuit] [포우잍ㅌ]

명 시인

The *poet* was inspired by the sea.
그 **시인**은 바다에 의해 영감을 받았다.

### 2. **passenger** [pǽsəndʒər] [패쓴저~]

명 승객

carry / hold many *passenger*s
많은 **승객들**을 나르다 / 수용하다

### 3. **outcome** [áutkʌm] [아웃컴]

명 결과

The *outcome* of the game was *surprising. *2-Day38
경기의 **결과**는 놀라웠다.

### 4. **grade** [greid] [그레이드]

명 등급, 성적, 학년 동 (등급을)분류하다

She is busy *grad*ing tests.
그녀는 **시험**을 채점하느라 바쁘다.

### 5. **brother** [brʌðər] [브라더~]

명 형, 오빠, 남동생

(elder/younger/twin)*brother*
형, 오빠/남동생/쌍둥이 **남자형제**

## 6. roll [roul] [로울 ]

명말아 놓은 것 동구르다

I need a *roll* of tissue (foil).
휴지(호일) 한 롤이 필요합니다.

## 7. permit [pərmít] [퍼~밀ㅌ ]

명동허락(하다)

You can't go out without a *permit*.
허락 없이 나갈 수 없습니다.

## 8. criticize [krítəsàiz] [크리터싸이즈]

동비평하다, 비난하다

His *proposal was not *criticize*d.
그의 *제안은 비난받지 않았다. *2-Day38

## 9. senior [síːnjər] [씨니어~]

형명연장자(의), (고교, 대학)의 상급생

It's the seat for *senior* citizens.
이것은 *어르신들을 위한 좌석입니다.

## 10. hunt [hʌnt] [헌ㅌ]

형사냥하다, 뒤지다 명물색, 사냥

Bats *hunt* for food at night.
박쥐들은 먹이를 위해 밤에 사냥을 한다.

✏️ **Self Evaluation** : 빈칸에 알맞은 단어를 쓰세요.

1. The [           ] is remembered by many people.
   그 **시인**은 많은 사람들에게 기억되고 있다.

2. The terminal was *jammed with [           ]s.
   터미널은 **승객들**로 *붐볐다.

3. *Whatever the [           ], I'm all right. ✎ *ever : ~이든
   **결과**가 무엇*이든 나는 괜찮아요.                    ex) whenever
                                                      언제든지

4. All the fruits are [           ]d here.
   모든 과일은 이 곳에서 **등급**이 매겨진다.

5. He *gets along with his [           ].
   그는 그의 **형제**와 사이가 좋다.                    ✎ *get along with
                                                      : ~와 잘 지내다.

6. [           ] up the carpet in this way!
   카펫을 이렇게 **말아요**!

7. Taking pictures is not [           ]ted here.
   사진 촬영이 **금지되어** 있습니다.

8. Stop [           ]ing my team members!
   팀원들에 대한 **비판**을 멈춰 주십시오.

9. [           ] staff may *refuse to do it. *2-Day27
   **고위급** 직원들이 아마도 *거절할 것 같다.

10. [           ]ing is not allowed on this mountain.
    이 산에서는 **사냥**이 허용되지 않는다.

**Self Test** : 뜻을 아는 단어에 ☑ 표시하세요.

☐ 1. **voyage**

Their return *voyage* took more time.

☐ 2. **window**

Look out the *window*! It started to snow.

☐ 3. **request**

We changed the picture at your *request*.

☐ 4. **bar**

I've tried the new salad *bar*.

☐ 5. **coach**

He *coach*ed the team for years.

☐ 6. **ship**

There are monthly events on board a *ship*.

☐ 7. **dig**

The farmer is *dig*ging up potatoes.

☐ 8. **admire**

I *admire* your passion.

☐ 9. **behavior**

His *behavior* is not understandable.

☐ 10. **angry**

He was *angry* with their actions.

**Learn** : 모르는 단어 위주로 학습하세요

1. **voyage** [vɔ́iidʒ] [보이쥐]

　명항해

　I'm going to go on a long sea *voyage*.
　나는 긴 **항해**를 떠날 예정이다.

2. **window** [wíndou] [윈도우]

　명창문

　Please *leave the *window* open!
　창문을 열어 두세요. *1-Day56

3. **request** [rikwést] [리퀘스트]

　명동요청[하다]

　We sent you the *request*ed photos.
　요청하신 사진들을 보냈습니다.

4. **bar** [ba:r] [바~]

　명바(카운터), 막대기 동(길을)막다

　*bar* them from (~)
　그들이 ~를 못하도록 하다

5. **coach** [koutʃ] [코우치]

　명코치 동지도하다

　The *coach* *extended his contract.
　코치는 계약을 연장했다. *2-Day45

Day
44

## 6. ship [ʃip] [쉽]

명배, 선박 동운송하다

Their goods are *ship*ped to Europe.
그들의 상품은 유럽으로 선박을 통해 운송된다.

## 7. dig [dig] [딕]

동(구멍 등을)파다, 캐다

They started *dig*ging a tunnel.
그는 (땅을 파서)터널 뚫는 일을 시작했다.

## 8. admire [ædmáiər] [어드마이어~]

동존경하다, 감탄하다

People *admire*d his movies.
사람들은 그가 만든 영화를 보고 감탄했다.

## 9. behavior [bihéivjər] [비헤이비어~]

*overlook
: 눈감아주다,간과하다

명행동, 태도

He won't *overlook my *behavior*.
그가 나의 행동에 대해 그냥 넘어가지는 않을 거예요.

## 10. angry [ǽŋgri] [앵그리]

형화난

I am *angry* *about it / *at myself.
(~)에 대하여 화가 난다. / 내자신에게 화가 난다.

# Self Evaluation : 빈칸에 알맞은 단어를 쓰세요.

1. Their *return [          ] took more time.
   *돌아오는 항해 길은 시간이 더 걸렸다. *1-Day45

2. Look out the [          ] ! It started to snow.
   창문 밖을 보세요! 눈이 오기 시작했어요.

3. We changed the picture at your [          ].
   당신의 요청에 따라 사진을 대체했습니다.

4. I've tried the new salad [          ].
   새로 생긴 샐러드 바에 가 본 적이 있다.

5. He [          ]ed the team for years.
   그는 그 팀을 수년간 지도했다.

6. There are monthly events on board a [          ].
   배 위에서 매달 행사가 열린다.

7. The farmer is [          ]ging up potatoes.
   농부가 감자를 캐내고 있다.

8. I [          ] your passion.
   나는 당신의 열정을 존경합니다.

9. His [          ] is not understandable.
   그의 행동이 이해가 되지 않는다.

10. He was [          ] with their actions.
    그는 그들의 조치에 화가 났다.

☞ **Self Test** : 뜻을 아는 단어에 ☑ 표시하세요.

☐ 1. **arrival**
Their *arrival* is 5 hours earlier.

☐ 2. **bathroom**
I'm looking for *bathroom* articles.

☐ 3. **honey**
I *put* honey instead of sugar.

☐ 4. **any**
Are there *any* messages for me?

☐ 5. **ladder**
We can't reach it without a *ladder* truck.

☐ 6. **closet**
Can you move the kitchen *closet* to the right?

☐ 7. **parent**
My *parent*s supported my plan.

☐ 8. **extend**
This road will *extend* to the factory.

☐ 9. **sick**
Take this pill when you feel *sick*.

☐ 10. **mad**
Teenagers are *mad* about his music.

**Learn** : 모르는 단어 위주로 학습하세요

## 1. **arrival** [əráivəl] [어**라**이블]

명도착

You'll get paid on your *arrival*.
**도착**하시는 즉시 지급하겠습니다.    *2-Day45

## 2. **bathroom** [bǽθrùːm] [배쓰룸]

명욕실, 화장실

The *bathroom* is around the corner.
모퉁이를 돌면 **화장실**이 있습니다.

## 3. **honey** [hʌ́ni] [허니]

명꿀, (호칭으로)자기, 여보

*Honey* will help against a cold.
**꿀**이 감기에 도움이 될 거예요.

## 4. **any** [éni] [애니]

부조금도 형아무 대무슨, 어떤

*Any*time will be fine for me.
저는 **아무** 때나 괜찮습니다.

## 5. **ladder** [lǽdər] [ㄹ래더~]

명사다리

I need a *ladder* to fix the *ceiling.
천장을 수리하려면 **사다리**가 필요합니다.

*ceiling [síːliŋ]
: 천장

## 6. closet [klάzit] [클라짙]

명 벽장

The samples are *stored in a *closet*.
견본품들은 **벽장** 안에 보관되어 있다.

*stored
: 보관된 1-Day43참고

## 7. parent [péərənt] [페어런트]

명 부모(아버지 또는 어머니)

He was raised by his *parent*s' love.
그는 부모님의 사랑으로 키워졌다.

양친: parents

Day
45

## 8. extend [iksténd] [익ㅆ텐드]

동 연장하다, 확대하다

The company plans to *extend* its business.
회사에서 사업을 **확대**할 계획을 하고 있다.

## 9. sick [sik] [씩ㅋ]

형 아픈, 병든, 메스꺼운

James *called in *sick* this morning.
제임스가 오늘 오전 전화로 **병결**을 *알렸습니다.

• 'sick'으로 말하기!
 ex) I get carsick : 차멀미를 합니다
     I am sick of : ∼에 싫증이 났어요

## 10. mad [mæd] [매드]

형 (∼에)미친, 열중한, 터무니 없는

They are *mad* about new technology.
그들은 신기술에 (온 정신을 다해)**열중해** 있다.

✎ **Self Evaluation** : 빈칸에 알맞은 단어를 쓰세요.

1. Their [        ] is 5 hours earlier.
   그들의 **도착**이 5시간 더 빨라졌습니다.

2. I'm looking for [        ] *articles.
   **욕실**\*용품을 찾고 있어요.

3. I [        ] honey *instead of sugar.   *1-Day41
   나는 설탕대신 **꿀**을 넣습니다.

4. Are there [        ] messages for me?
   저에게 온 어떤  전달 **사항**(이라도) 있습니까?

5. We can't reach it without a [        ] truck.
   **사다리**차 없이는 닿을 수 없겠는데요.

6. Can you move the kitchen [        ] to the right?
   주방 **찬장**을 우측으로 움직일 수 있습니까?

7. My [        ]s supported my plan.
   **부모**님께서 나의 계획을 지원해 주셨다.

8. This road will [        ] to the *factory.
   이 도로는 \*공장까지 **연장**될 것이다.

9. Take this *pill when you feel [        ].
   속이 **불편할** 때 이 \*알약을 복용하세요.

10. Teenagers are [        ] about his music.
    십 대들이 그의 음악에 **열광**한다.

## Self Evaluation : 뜻을 아는 단어에 ☑ 표시하세요.

| ☐ 1 lie | ☐ 18 settle | ☐ 35 coach |
| ☐ 2 mixture | ☐ 19 reveal | ☐ 36 ship |
| ☐ 3 desk | ☐ 20 famous | ☐ 37 dig |
| ☐ 4 client | ☐ 21 poet | ☐ 38 admire |
| ☐ 5 mouth | ☐ 22 passenger | ☐ 39 behavior |
| ☐ 6 mail | ☐ 23 outcome | ☐ 40 angry |
| ☐ 7 ignore | ☐ 24 grade | ☐ 41 arrival |
| ☐ 8 calculate | ☐ 25 brother | ☐ 42 bathroom |
| ☐ 9 surround | ☐ 26 roll | ☐ 43 honey |
| ☐ 10 aside | ☐ 27 permit | ☐ 44 any |
| ☐ 11 tip | ☐ 28 criticize | ☐ 45 ladder |
| ☐ 12 mud | ☐ 29 senior | ☐ 46 closet |
| ☐ 13 pour | ☐ 30 hunt | ☐ 47 parent |
| ☐ 14 tension | ☐ 31 voyage | ☐ 48 extend |
| ☐ 15 bottle | ☐ 32 window | ☐ 49 sick |
| ☐ 16 clue | ☐ 33 request | ☐ 50 mad |
| ☐ 17 retain | ☐ 34 bar | |

Review
9

배운 단어를 얼마나 기억하세요? 정답은 244page 참조
• 맞은 갯수 30개 이하: 수고하셨어요. 한 번만 더 복습^^
• 맞은 갯수 30개 이상: OK! 어려운 단어 복습
• 맞은 갯수 40개 이상: Very Good!!

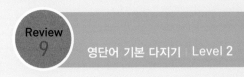

## Self Evaluation : 빈칸을 채워 보세요.

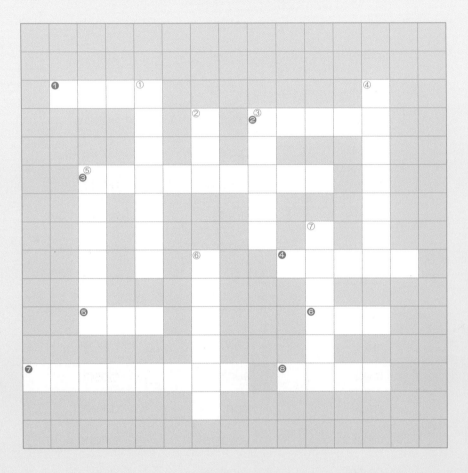

## 🔑 [세로열쇠]

① Her voice shook with _____ .

② I had to tell a white _____ at that time.

③ He was _____ with their action.

④ We changed the picture at your _____ .

⑤ My _____ s supported my plan.

⑥ The _____ requested the same data from me.

⑦ Their return _____ took more time.

## 🔑 [가로열쇠]

❶ _____ ing is not allowed on this mountain..

❷ She pulled the curtain _____ .

❸ The terminal was jammed with _____ s.

❹ _____ -watering dishes.

❺ Watch out for the _____ of the knife.

❻ Are there _____ messages for me?

❼ A crowd _____ ed a genius girl.

❽ Your _____ is a mess.

## Self Evaluation : 뜻 해석

| | | |
|---|---|---|
| 1 눕다, 거짓말 하다 | 18 해결하다, 결정하다 | 35 코치 |
| 2 혼합물 | 19 드러내다 | 36 배, 선박 |
| 3 책상 | 20 유명한 | 37 파다, 캐다 |
| 4 고객 | 21 시인 | 38 존경 · 감탄하다 |
| 5 입 | 22 승객 | 39 행동, 태도 |
| 6 우편 | 23 결과 | 40 화난 |
| 7 무시하다 | 24 등급, 성적(을 매기다) | 41 도착 |
| 8 계산하다 | 25 형, 오빠, 남동생 | 42 욕실, 화장실 |
| 9 둘러싸다 | 26 말아놓은것, 구르다 | 43 꿀,<br>(호칭으로)자기, 여보 |
| 10 한쪽으로 | 27 허락하다 | 44 조금도, 아무 |
| 11 (뾰족한)끝, 정보 | 28 비평하다, 비난하다 | 45 사다리 |
| 12 진흙 | 29 연장자(의), 상급생 | 46 벽장 |
| 13 붓다, 마구 쏟아지다 | 30 사냥하다, 뒤지다 | 47 부모<br>(아버지 혹은 어머니) |
| 14 긴장 | 31 항해 | 48 연장하다, 확대하다 |
| 15 병 | 32 창문 | 49 아픈, 메스꺼운 |
| 16 단서, 실마리 | 33 요청(하다) | 50 (~에)미친,<br>터무니없는 |
| 17 유지하다 | 34 바(카운터), 막대기 | |

왕초보 탈출 영단어 **ABC**

# 영단어
## 기본 다지기  Level 2

*Day
46 ~ 50

이번 주에 배울 단어를 미리 살펴보세요!

| | | | | |
|---|---|---|---|---|
| 1 bedroom | 11 sculpture | 21 fund | 31 feast | 41 smoke |
| 2 bike | 12 split | 22 race | 32 prize | 42 hospital |
| 3 drama | 13 gene | 23 loan | 33 funeral | 43 raw |
| 4 chest | 14 pain | 24 queen | 34 debt | 44 employee |
| 5 mistake | 15 relief | 25 treasure | 35 grass | 45 routine |
| 6 knife | 16 arm | 26 bell | 36 hell | 46 bug |
| 7 deliver | 17 ease | 27 celebrate | 37 resolve | 47 load |
| 8 behave | 18 hide | 28 shake | 38 gather | 48 tackle |
| 9 lucky | 19 past | 29 ought | 39 suck | 49 invite |
| 10 pure | 20 confident | 30 just | 40 mobile | 50 announce |

☞ **Self Test** : 뜻을 아는 단어에 ☑ 표시하세요.

☐ 1. **bedroom**
A closet is installed in the *bedroom*.

☐ 2. **bike**
His *bike* was fixed yesterday.

☐ 3. **drama**
I practice for my *drama* class.

☐ 4. **chest**
The man hurt his *chest* in an accident.

☐ 5. **mistake**
He won't repeat the same *mistake*.

☐ 6. **knife**
Could you get me another steak *knife*?

☐ 7. **deliver**
The package was safely *deliver*ed.

☐ 8. **behave**
You'd better *behave* yourself tonight.

☐ 9. **lucky**
I was *lucky* to get a last ticket.

☐ 10. **pure**
This underwear is *pure* cotton.

Day
46

**Learn** : 모르는 단어 위주로 학습하세요

## 1. **bedroom** [bédrùːm] [배드룸]

圀침실, 방

*reserve a twin-*bedroom*
트윈룸(2인용 객실)을 *예약하다.  *1–Day47*

## 2. **bike** [baik] [바일ㅋ]

圀자전거

I ride my *bike* to work.
나는 **자전거**를 타고 출근한다.

## 3. **drama** [drάːmə] [드라머]

圀연극, 희곡, 극

His victory was just like a *drama*.
그의 승리는 한 편의 **드라마** 같았다.

## 4. **chest** [ʧest] [체스트]

圀가슴, 흉부, (소지품) 상자

The *chest* is filled with toys.
**상자**가 장난감으로 꽉 차있다.

## 5. **mistake** [mistéik] [미스테일ㅋ]

圀실수 圐잘못 판단하다

You are *mistake*n about the place.
장소를 잘못 알고 계십니다.

## 6. knife [naif] [나잎ㅍ]

명칼

*peel an orange with a *knife*
칼로 오렌지의 *껍질을 벗기다.

## 7. deliver [dilívər] [딜리버~]

동배달하다

How soon can you *deliver* the uniforms?
유니폼은 얼마나 빨리 배달할 수 있나요?

## 8. behave [bihéiv] [비헤이브]

동행동하다

*behave* bravely (calmly)
용감하게(침착하게) 행동하다

## 9. lucky [lʌ́ki] [ㄹ럭키]

형운 좋은

*Lucky* for you!
행운을 빕니다.

## 10. pure [pjuər] [퓨어~]

형순수한, 깨끗한

This medal is made of *pure* gold.
이 메달은 순금으로 만들어졌다.

✏️ **Self Evaluation** : 빈칸에 알맞은 단어를 쓰세요.

1. A closet is *installed in the [          ].
   침실에 장롱이 *설치되어 있습니다.

2. His [          ] was fixed yesterday.
   그의 **자전거**는 어제 수리되었다.

3. I practice for my [          ] class.
   나는 **연극** 수업을 위해 연습을 한다.

4. The man hurt his [          ] in an accident.
   그 남자는 사고로 **가슴**을 다쳤다.

5. He won't repeat the same [          ].
   그는 같은 **실수**를 반복하지 않을 것입니다.

6. Could you get me another steak [          ]?
   스테이크용 **칼** 하나 더 주시겠습니까?

7. The package was safely [          ]ed.
   소포가 안전하게 **배달**되었습니다.

8. *You'd better [          ] yourself tonight.
   오늘 밤 **행동** 잘 해야 한다.

   *You'd better = You had better
   had better: ∼하는 편이 낫다

9. I was [          ] to get a last ticket.
   **운이 좋아서** 마지막 표를 구했다.

10. This underwear is [          ] cotton.
    이 속옷은 **순면**입니다.

☐ 1. **sculpture**
There're many famous *sculpture*s in this museum.

☐ 2. **split**
*split* an apple(profits) in half

☐ 3. **gene**
Identical twins have the same *gene*s.

☐ 4. **pain**
Do you suffer from back *pain*?

☐ 5. **relief**
He had a deep breath of *relief*.

☐ 6. **arm**
I can see your *arm* waving.

☐ 7. **ease**
He learned everything with *ease*.

☐ 8. **hide**
I don't want to *hide* anything.

☐ 9. **past**
The gas station is *past* the bus stop.

☐ 10. **confident**
She was in a *confident* mood.

Day
47

**Learn** : 모르는 단어 위주로 학습하세요

## 1. **sculpture** [skʌ́lptʃər] [스컵처~]

명조각(품)

He studied *sculpture* at an art school.
그는 미술 학교에서 **조각**을 공부했다.

## 2. **split** [split] [스플맅ㅌ]

동나누다, 쪼개지다

Let's *split* the bill.
(비용을) **나누어서** 냅시다.

## 3. **gene** [dʒiːn] [지인]

명유전자

They have studied human *gene*s.
그들은 인간의 **유전자**를 연구했다.

## 4. **pain** [pein] [페인]

명아픔, 통증

I have a *pain* in my knee (side).
무릎에 (옆구리에) **통증**이 있습니다.

## 5. **relief** [riliːf] [릴리잎ㅍ]

명안도, 안심

It's a *relief* to hear from him.
그에게서 소식을 들으니 **안심**이 되네요.

## 6. arm [ɑ:rm] [아~암]

> 명팔
>
> We welcome you with open *arm*s.
> 두 **팔** 벌려 당신을 환영합니다.

## 7. ease [i:z] [이이즈]

> 명쉬움, 편의성 동완화하다
>
> His help will *ease* your worries.
> 그의 도움이 당신의 걱정을 **덜어줄** 것입니다.

## 8. hide [haid] [하이드]

> 동감추다, 숨다
>
> *hide* the truth / *\*hid*den truth
> 진실을 숨기다 / \*숨겨진 진실

> \*hidden [hídn]
> : 숨겨진

## 9. past [pæst] [패스트]

> 형명과거(의) 전지나서
>
> He had a different job in the *past*.
> 그는 **과거**에 다른 일을 했다.

## 10. confident [kánfədənt] [칸퍼던트]

> 형자신감 있는
>
> Are you *confident* of success?
> 성공할 **자신이 있습니까?**

✎ **Self Evaluation** : 빈칸에 알맞은 단어를 쓰세요.

1. There're many famous ⬚s in this museum.
   이 박물관에는 유명한 **조각품들**이 많이 있다.

2. ⬚ an apple(profits) in half
   사과를(수익을) 반으로 **쪼개다**

3. *Identical twins have the same ⬚s.
   *일란성 쌍둥이는 같은 **유전자**를 갖는다.

   ✎ *Identical [aidéntikl]
   : 동일한

4. Do you *suffer from back ⬚?
   요통이 있으세요? *2-Day36

5. He had a deep breath of ⬚.
   그는 **안도**의 한숨을 쉬었다.

6. I can see your ⬚ *waving. *2-Day6
   당신이 **팔**을 *흔드는 것이 보여요.

7. He learned everything with ⬚.
   그는 모든 것을 **쉽게** 배웠다.

8. I don't want to ⬚ anything.
   나는 어떤 것도 **감추고** 싶지 않다.

9. The gas station is ⬚ the bus stop.
   주유소는 정류장 **지나서** 있습니다.

10. She was in a ⬚ mood.
    그녀는 **확신**에 **차** 있었다.

👉 **Self Test** : 뜻을 아는 단어에 ☑ 표시하세요.

- [ ] 1. **fund**
  The school was *fund*ed by the city.

- [ ] 2. **race**
  They are in training for a *race*.

- [ ] 3. **loan**
  get a *loan* from a bank

- [ ] 4. **queen**
  Venus is called 'the *Queen* of Love'.

- [ ] 5. **treasure**
  People buried their *treasure*.

- [ ] 6. **bell**
  Press the *bell* for the waiter.

- [ ] 7. **celebrate**
  *celebrate* one's opening(success)

- [ ] 8. **shake**
  The tree *\*shook* by the earthquake.

  ✎ \*shook [ʃuk]
  : 'shake'의 과거형

- [ ] 9. **ought**
  He *ought* to meet her by now.

- [ ] 10. **just**
  I was *just* checking it.

Day
48

**Learn** : 모르는 단어 위주로 학습하세요

1 **fund** [fʌnd] [펀드]

명동기금, 자금(을 대다)
raise (seek) *fund*s
**자금**을 조성하다(구하다)

2. **race** [reis] [레이쓰]

명경주, 인종
People of all *race*s were invited.
모든 **인종**의 사람들이 초대되었다.

3. **loan** [loun] [ㄹ로운]

명대출금, 대여
I even *loan*ed her my car.
나는 심지어 그녀에게 내 **차**를 **대여**해 주기도 했다.

4. **queen** [kwiːn] [퀴인]

명여왕
She was *respected as the *queen* of fashion.
그녀는 패션계의 **여왕**으로 존중받았다. *2-Day35*

5. **treasure** [tréʒər] [트뤠저~]

명보물
keep the *treasure* in the *safe
**보물**을 *금고에 보관하다.

## 6. bell [bel] [벨]

명 종

The alarm *bell* is on every floor.
각 층마다 비상벨이 있습니다.

## 7. celebrate [séləbrèit] [쎌러브레이트]

동 축하하다

*celebrate* the 100th birthday of ~
~의 탄생 100주년을 **기념하다**

## 8. shake [ʃeik] [쉐잌ㅋ]

동 흔들(리)다

Please *shake* it before drinking.
마시기 전에 **흔들어주세요.**

## 9. ought [ɔːt] [오올ㅌ]

동 …해야 한다, …할 의무가 있다

It *ought* to be done now.
지금 **해야 합니다.**

## 10. just [dʒʌst] [저스트]

부 딱, 방금

*Just* leave it to me.
나에게 **바로** 맡겨 주세요.

✏️ **Self Evaluation** : 빈칸에 알맞은 단어를 쓰세요.

1. The school was [　　　　]ed by the city.
   학교는 시에서 **자금**을 받았다.

2. They are in training for a [　　　　].
   그들은 **경주**를 앞두고 훈련 중이다.

3. get a [　　　　] from a bank
   은행에서 **융자**를 받다.

4. Venus is called 'the [　　　　] of Love'.
   비너스는 사랑의 **여왕**이라고 불린다.

5. People buried their [　　　　].
   사람들은 그들의 **보물**을 땅에 묻었다.

6. Press the [　　　　] for the waiter.
   웨이터에게 요청이 있으면 **벨**을 누르세요.

7. [　　　　] one's opening(success)
   ~의 개점을 (성공을) **기념하다**

8. The tree [　　　　] by the earthquake.
   나무가 지진으로 **흔들렸다**.

9. He [　　　　] to meet her by now.
   그가 지금쯤이면 그녀를 만났을 **거예요**. (지금쯤 만나고 있어야 한다)

10. I was [　　　　] checking it.
    **방금** 점검 중이었습니다.

☞ **Self Test** : 뜻을 아는 단어에 ☑ 표시하세요.

□ 1. **feast**
They had a midnight *feast* in their tent.

□ 2. **prize**
His picture won a *prize* in the competition.

□ 3. **funeral**
We will go to his *funeral*.

□ 4. **debt**
He is still in *debt* to his parents.

□ 5. **grass**
The *grass* is necessary on the floor.

□ 6. **hell**
Traffic was just like *hell*.

□ 7. **resolve**
Their demand was *resolve*d.

□ 8. **gather**
A crowd is *gather*ing to watch the game.

□ 9. **suck**
This machine will *suck* it dry.

□ 10. **mobile**
I'll run a *mobile* shop.

Day
49

**Learn** : 모르는 단어 위주로 학습하세요

## 1. **feast** [fiːst] [피이ㅅㅌ]

명축제, 향연, 잔치

The *feast* is being prepared.
축제 준비가 진행 중이다.

## 2. **prize** [praiz] [프라이즈]

명상, 상품

He won the $100 *prize*.
그는 100달러의 상금을 받았다.

## 3. **funeral** [fjúːnərəl] [퓨너럴]

명장례식

I saw her at the *funeral* *by accident.
우연히 장례식에서 그녀를 보았다.   *by accident: 우연히

## 4. **debt** [det] [데트]

명빚, 은혜

I owe a real *debt* to him.
나는 그에게 정말 은혜를 지고 있다.

## 5. **grass** [græs] [그래쓰]

명풀, 잔디

Keep off the *grass*.
잔디밭에 들어가지 마세요.

## 6. hell [hel] [헬]

（명）지옥

They *went through *hell* last year.
그들은 작년에 **지옥** 같은 시간을 *경험했다.

> *Went : 'go'의 과거
> go through: 경험하다

## 7. resolve [rizάlv] [리잘ㅂ]

（동）해결하다, 다짐하다

*resolve* my fear (the troubles)
두려움을(어려움을) **해결하다**

## 8. gather [gǽðər] [개더~]

（동）모이다

People *gather*ed for a campaign.
사람들이 캠페인을 위해 **모였다**.

## 9. suck [sʌk] [썩]

（동）빨다, 흡수하다

The pump will *suck* the water out.
펌프가 물을 **빨아**들여 나오게 할 것이다.

## 10. mobile [móubəl] [모우블]

（형）이동하는 （명）휴대전화

Call me on my *mobile* phone.
내 **휴대폰**으로 전화 주세요.

Day
49

✏️ **Self Evaluation** : 빈칸에 알맞은 단어를 쓰세요.

1. They had a midnight ⬚ in their tent.
   그들은 텐트에서 한밤의 **향연**을 보냈다.

2. His picture won a ⬚ in the competition.
   대회에서 그의 사진이 **입상했다.**

3. We will go to his ⬚.
   우리는 그의 **장례식**에 갈 것입니다.

4. He is still in ⬚ to his parents.
   그는 여전히 부모님에게 **빚이** 있다.

5. The ⬚ is *necessary on the floor.
   바닥에 마른 **풀이** 필요하다. *1-Day49

6. Traffic was just like ⬚.
   차가 너무 막혔어요. (교통이 **지옥** 같았어요)

7. Their *demand was ⬚d. *1-Day53
   그들의 요구는 **해결되**었다.

8. A crowd is ⬚ing to watch the game.
   군중들이 경기를 보기 위해 **모이고 있다.**

9. This machine will ⬚ it dry.
   이 기계는 수분을 바짝 **빨아들입니다.**

10. I'll run a ⬚ shop.
    나는 **이동하는** 상점을 운영할 것이다.

👉 **Self Test** : 뜻을 아는 단어에 ☑ 표시하세요.

☐ 1. **smoke**
Do you mind if I *smoke*?

☐ 2. **hospital**
She works the night shift at a *hospital*.

☐ 3. **raw**
It is eaten *raw* or cooked.

☐ 4. **employee**
She is a new *employee* in our department.

☐ 5. **routine**
get out of (my) *routine*

☐ 6. **bug**
The computer cannot avoid a '*bug*' error.

☐ 7. **load**
He *load*ed the firewood in the truck.

☐ 8. **tackle**
It's time to *tackle* the matter.

☐ 9. **invite**
I was *invite*d to work for a new plan.

☐ 10. **announce**
They haven't *announce*d their plan yet.

Day
50

**Learn** : 모르는 단어 위주로 학습하세요

## 1. **smoke** [smouk] [스모우크]

동담배 피우다 명연기

I'm trying to stop(=quit) *smok*ing.
담배를 끊으려고 노력 중입니다.

## 2. **hospital** [hɑ́spitl] [하스피틀]

명병원

He has been in the *hospital* for a week.
그는 일주일째 **병원**에 입원 중이다.

## 3. **raw** [rɔː] [로오]

형날것의, 가공되지 않은

Back up the *raw* data!
원자료를 저장해 놓으세요!

## 4. **employee** [èmplɔí:] [엠플로이]

명사원, 근무자

give an orientation to the *employee*s
**사원**들에게 오리엔테이션을 실시하다.

## 5. **routine** [ruːtíːn] [루틴]

명형일상(적인)

Repairing things is a part of my *routine*.
수선하는 일이 나의 **일상**이다.

## 6. **bug** [bʌg] [버ㄱ]

명작은 벌레 동도청 하다

Collecting *bug*s is his job.
**벌레들을 수집하는 것이 그의 일이다.**

## 7. **load** [loud] [ㄹ로우드]

명동짐(을 싣다), 부담

The tractor was *load*ed with fruit.
**트랙터에 과일이 실렸다.**

## 8. **tackle** [tǽkl] [태클]

동맞붙다, 다루다

We will *tackle* today's issue first.
**우리는 오늘의 주제부터 다룰 것입니다.**

## 9. **invite** [inváit] [인**바**이트]

동초대하다

I *invite* you to the seminar.
**강연회에 당신을 초대합니다.**

## 10. **announce** [ənáuns] [어**나**운쓰]

동알리다, 발표하다

The date was not *announce*d yet.
**날짜는 아직 발표되지 않았다.**

# ✏ Self Evaluation : 빈칸에 알맞은 단어를 쓰세요.

1. Do you mind if I _____ ?
   제가 **담배를** 좀 **피워도** 될까요?

2. She works the night *shift at a _____ .
   그녀는 **병원**에서 야간*교대 근무를 한다. (야간 근무조로)

3. It is eaten _____ or cooked.
   이 것은 **날** 것으로 혹은 익혀서도 먹는다.

4. She is a new _____ in our department.
   그녀는 우리 부서의 신입 **사원**이다.

5. get out of (my) _____
   **일상**에서 벗어나다

6. The computer cannot *avoid a '_____' error.
   컴퓨터가 **버그** 에러를 *피할 수가 없다. *2-Day19

7. He _____ ed the firewood in the truck.
   그는 장작을 트럭에 **실었다**.

8. It's time to _____ the matter.
   이제 과제를 **다루어야** 할 시간이다.

9. I was _____ d to work for a new plan.
   새로운 계획을 위한 작업에 **초대**되었다.

10. They haven't _____ d their plan yet.
    그들은 계획을 아직 **발표하지** 않았다.

## Self Evaluation : 뜻을 아는 단어에 ☑ 표시하세요.

| | | | |
|---|---|---|---|
| ☐ 1 bedroom | ☐ 18 hide | ☐ 35 grass | |
| ☐ 2 bike | ☐ 19 past | ☐ 36 hell | |
| ☐ 3 drama | ☐ 20 confident | ☐ 37 resolve | |
| ☐ 4 chest | ☐ 21 fund | ☐ 38 gather | |
| ☐ 5 mistake | ☐ 22 race | ☐ 39 suck | |
| ☐ 6 knife | ☐ 23 loan | ☐ 40 mobile | |
| ☐ 7 deliver | ☐ 24 queen | ☐ 41 smoke | |
| ☐ 8 behave | ☐ 25 treasure | ☐ 42 hospital | |
| ☐ 9 lucky | ☐ 26 bell | ☐ 43 raw | |
| ☐ 10 pure | ☐ 27 celebrate | ☐ 44 employee | |
| ☐ 11 sculpture | ☐ 28 shake | ☐ 45 routine | |
| ☐ 12 split | ☐ 29 ought | ☐ 46 bug | |
| ☐ 13 gene | ☐ 30 just | ☐ 47 load | |
| ☐ 14 pain | ☐ 31 feast | ☐ 48 tackle | |
| ☐ 15 relief | ☐ 32 prize | ☐ 49 invite | |
| ☐ 16 arm | ☐ 33 funeral | ☐ 50 announce | |
| ☐ 17 ease | ☐ 34 debt | | |

배운 단어를 얼마나 기억하세요? 정답은 270page 참조
• 맞은 갯수 30개 이하: 수고하셨어요. 한 번만 더 복습^^
• 맞은 갯수 30개 이상: OK! 어려운 단어 복습
• 맞은 갯수 40개 이상: Very Good!!

## 🔑 Self Evaluation : 빈칸을 채워 보세요.

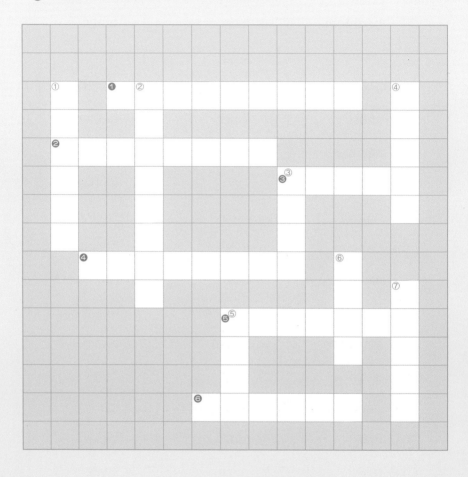

🔑 [세로열쇠]

① You'd better [          ] yourself tonight.

② She is a new [          ] in our department.

③ Identical twins have the same [          ].

④ The man hurt his [          ] in an accident.

⑤ They are in training for a [          ].

⑥ Traffic was just like [          ].

⑦ They had a midnight [          ] in their tent.

🔑 [가로열쇠]

❶ [          ] one's opening(success)

❷ She works the night shift at a [          ].

❸ The [          ] is necessary on the floor.

❹ People buried their [          ].

❺ Their demand was [          ]d.

❻ I had a deep breath with [          ].

## Self Evaluation : 뜻 해석

| | | |
|---|---|---|
| 1 침실, 방 | 18 감추다, 숨다 | 35 풀, 잔디 |
| 2 자전거 | 19 과거(의) | 36 지옥 |
| 3 연극, 드라마 | 20 자신감 있는 | 37 해결하다, 다짐하다 |
| 4 가슴, 흉부 | 21 기금,자금(을 대다) | 38 모이다 |
| 5 실수 | 22 경주, 인종 | 39 빨다, 흡수하다 |
| 6 칼 | 23 대출금, 대여 | 40 이동하는 |
| 7 배달하다 | 24 여왕 | 41 담배 피우다 |
| 8 행동하다 | 25 보물 | 42 병원 |
| 9 운 좋은 | 26 종 | 43 날것의, 가공되지 않은 |
| 10 순수한, 깨끗한 | 27 축하하다 | 44 사원, 근무자 |
| 11 조각(품) | 28 흔들(리)다 | 45 일상(적인) |
| 12 나누다, 쪼개지다 | 29 …해야 한다 | 46 작은 벌레 |
| 13 유전자 | 30 딱, 방금 | 47 짐, 화물 |
| 14 아픔, 통증 | 31 축제, 향연, 잔치 | 48 맞붙다, 다루다 |
| 15 안도, 안심 | 32 상, 상품 | 49 초대하다 |
| 16 팔 | 33 장례식 | 50 알리다, 발표하다 |
| 17 쉬움, 편의성, 완화하다 | 34 빚, 은혜 | |

왕초보 탈출 영단어 **ABC**

# 영단어
## 기본 다지기 Level 2

*Day
**51 ~ 55**

이번 주에 배울 단어를 미리 살펴보세요!

| | | | | |
|---|---|---|---|---|
| 1 curve | 11 fee | 21 resolution | 31 garbage | 41 code |
| 2 farmer | 12 climate | 22 proof | 32 analyst | 42 awareness |
| 3 refrigerator | 13 accident | 23 contribution | 33 custom | 43 signature |
| 4 occasion | 14 sister | 24 session | 34 salary | 44 hat |
| 5 leather | 15 expert | 25 grandfather | 35 towel | 45 draft |
| 6 interact | 16 native | 26 calendar | 36 shelter | 46 habit |
| 7 retire | 17 belong | 27 twist | 37 illustrate | 47 cross |
| 8 divide | 18 respond | 28 owe | 38 hate | 48 inform |
| 9 illegal | 19 foreign | 29 logical | 39 soft | 49 sad |
| 10 upper | 20 unusual | 30 initial | 40 dependent | 50 weak |

Self Test : 뜻을 아는 단어에 ☑ 표시하세요.

☐ 1. **curve**
The *curve* is moving downward.

☐ 2. **farmer**
*Farmer*s plant their rice today.

☐ 3. **refrigerator**
Left over food is in the *refrigerator*.

☐ 4. **occasion**
I bought shoes for the *occasion*.

☐ 5. **leather**
*Leather* boots are very popular these days.

☐ 6. **interact**
I try to *interact* with the junior staff.

☐ 7. **retire**
He did his best until he *retire*d.

☐ 8. **divide**
Shall we *divide* the class into two groups?

☐ 9. **illegal**
He is not involved in *illegal* acts.

☐ 10. **upper**
Move your *upper* body to the sides.

**Learn** : 모르는 단어 위주로 학습하세요

## 1. **curve** [kə:rv] [커~브]

명 곡선, (길 등의) 모퉁이

This model *features a round *curve*. *2-Day12
이 모형은 둥근 **곡선**이 특징이다.

## 2. **farmer** [fɑ́:rmər] [파~머~]

명 농부

The *farmer*s are picking the fruit.
농부들이 과일을 따고 있다.

## 3. **refrigerator** [rifrídʒərèitər] [리프**리**저레이터~]

명 냉장고

Keep it in the *refrigerator*.
냉장고에 보관하십시오.

## 4. **occasion** [əkéiʒən] [어**케**이젼]

명 경우, 행사

It is held in the yard on *occasion*.
그 **행사**는 가끔씩 야외(뜰)에서 개최된다.

## 5. **leather** [léðər] [ㄹ레더~]

명 가죽

He wears a *leather* jacket every day.
그는 매일 **가죽** 외투를 입는다.

## 6. interact [íntərækt] [인터렉트]

명 소통하다, 상호작용 하다

have chances to *interact* between members
회원들 간에 **소통할** 수 있는 기회를 갖다.

## 7. retire [ritáiər] [리타이어~]

동 은퇴하다, 은퇴시키다

It's not the time to *retire* now.
지금은 **은퇴할** 시기가 아닙니다.

## 8. divide [diváid] [디바이드]

동 나누다, 분할하다

*Divide* the cake into three pieces.
케이크를 세 조각으로 **나누다**.

## 9. illegal [ilíːgəl] [일리거~]

형 불법적인

You are *illegal*ly *parked. *1-Day18
**불법** *주차입니다.

## 10. upper [ʌ́pər] [어퍼~]

형 위쪽의, 상위의

It's on the *upper* shelf.
그것은 **위쪽** 선반에 있어요.

✐ **Self Evaluation** : 빈칸에 알맞은 단어를 쓰세요.
.....................................................................................................

1. The ☐ is moving downward.
   곡선이 아래를 향하고 있다.

2. ☐s *plant their rice today.
   오늘 농부들이 모내기를 한다. *1-Day20

3. *Left over food is in the ☐.
   *남은 음식은 냉장고 안에 있어요. *1-day56

4. I bought shoes for the ☐.
   때를 대비하여 신발을 사 두었다.

5. ☐ boots are very popular these days.
   가죽 부츠가 요즘 매우 인기 있다.

6. I try to ☐ with the junior staff.
   나는 부하 직원들과 소통하려고 노력한다.

7. He did his best until he ☐d.
   그는 은퇴할 때까지 최선을 다하였다.

8. Shall we ☐ the class into two groups?
   학급을 두 그룹으로 나눌까요?

9. He is not *involved in ☐ acts.
   그는 불법 행위와 관련이 없다. *3-Day50

10. Move your ☐ body to the sides.
    상체를 양쪽으로 움직이세요.

👉 **Self Test** : 뜻을 아는 단어에 ☑ 표시하세요.

☐ 1. **fee**
There is a *fee* for entering.

☐ 2. **climate**
Global *climate* is changing.

☐ 3. **accident**
protect children from car *accident*s

☐ 4. **sister**
Her *sister*s all look alike.

☐ 5. **expert**
He is an *expert* in this field.

☐ 6. **native**
Repeat after the *native* speaker.

☐ 7. **belong**
We all *belong* to the sports club.

☐ 8. **respond**
He *respond*ed to our request right away.

☐ 9. **foreign**
He has adapted to the *foreign* culture.

☐ 10. **unusual**
Did you notice anything *unusual* in this letter?

**Learn** : 모르는 단어 위주로 학습하세요

## 1. fee [fiː] [피이]

명수수료, 요금

pay(charge) a membership *fee*
회비를 **지불**(부과)하다

## 2. climate [kláimit] [클**라**이밑트]

명기후, …기후의 지역

The *climate* here is (damp / cold).
이 곳의 **날씨**가 (습하다/춥다).

## 3. accident [æksidənt] [**액**씨던트]

명사고, 우연

give *first aid after the *accident*
사고 후 *응급 처치를 하다.

## 4. sister [sístər] [**씨**스터~]

명언니, 누나, 여동생, 수녀

They are *supporting their *sister* company.
그들은 **자매** 회사를 *지원하고 있다.

## 5. expert [ékspəːrt] [**엑**스퍼~트]

명전문가 형전문적인

*expert* opinion (advice)
**전문적인** 의견(조언)

## 6. **native** [néitiv] [네이티브]

형태어난 곳의 명현지인

*Native* people were always friendly to me.
**현지인**들은 나에게 항상 친절했다.

## 7. **belong** [bilɔ́ːŋ] [빌롱]

통…의 것이다, …에 속하다, 소속감을 느끼다

This work *belong*s to our department.
이 일은 우리 부서 **소속**이다.

## 8. **respond** [rispánd] [리스판드]

통대답하다, 반응을 보이다

I'm *expecting you to *respond* soon.
곧 **응답** 주시기를 *기대합니다.

*expect [ikspékt]
*3-Day29

## 9. **foreign** [fɔ́ːrən] [포~런]

형외국의

Can you speak any other *foreign* languages?
다른 **외국**어도 구사할 수 있습니까?

## 10. **unusual** [ʌnjúːʒuəl] [어뉴주얼]

형특이한, 드문

It is *unusual* for him to foul out.
그가 파울로 퇴장당하는 것은 **드문** 일이다.

# Self Evaluation : 빈칸에 알맞은 단어를 쓰세요.

1. There is a ⬚⬚⬚⬚⬚ for *entering.
   입장료가 있습니다. *2-Day8

2. *Global ⬚⬚⬚⬚⬚ is changing.
   *세계 **기후**가 변화하고 있다. *2-Day22

3. *protect children from car ⬚⬚⬚⬚⬚ s
   차 **사고**로부터 아이들을 보호하다 *2-Day17

4. Her ⬚⬚⬚⬚⬚ s all look alike.
   **자매**들이 모두 닮았다. (비슷해 보인다)

5. He is an ⬚⬚⬚⬚⬚ in this field.
   그는 이 분야에서 **전문가**이다.

6. Repeat after the ⬚⬚⬚⬚⬚ speaker.
   **원어민** 발음을 그대로 따라 하세요.

7. We all ⬚⬚⬚⬚⬚ to the sports club.
   우리 모두 스포츠클럽 **회원**입니다.

8. He ⬚⬚⬚⬚⬚ ed to our *request right away.
   그는 우리의 요구에 즉시 **응답했습니다.** *2-Day44

9. He has *adapted to the ⬚⬚⬚⬚⬚ culture.
   그는 **외국** 문화에 적응했다. *2-Day56

10. Did you notice anything ⬚⬚⬚⬚⬚ in this letter?
    이 편지에서 **특이한** 점을 발견했습니까?

Self Test : 뜻을 아는 단어에 ☑ 표시하세요.

□ 1. **resolution**
a *resolution* to study (help others)

□ 2. **proof**
This receipt is the *proof.*

□ 3. **contribution**
We are thankful for your *contribution*s.

□ 4. **session**
This *session* is for the total review.

□ 5. **grandfather**
She helped her *grandfather* to walk.

□ 6. **calendar**
give the *calendar*s to the customers

□ 7. **twist**
He *twist*ed the rope into a ring.

□ 8. **owe**
I don't *owe* it to you.

□ 9. **logical**
His decision was *logical.*

□ 10. **initial**
The *initial* sales figures were great.

**Learn** : 모르는 단어 위주로 학습하세요

## 1. **resolution** [rèzəlúːʃən] [레절**루**션]

> 명결의(안), 해결
>
> What is your New Year's *resolution*?
> 당신의 새해 **결심**은 무엇입니까?

## 2. **proof** [pruːf] [프**루**읖ㅍ]

> 명증거(물)
>
> We need any *proof* of your age.
> 나이를 증명할 **증거**가 필요합니다.

## 3. **contribution** [kɑ̀ntrəbjúːʃən] [컨트리**뷰**션]

> 명기부금, 기여
>
> He made a big *contribution* to ~
> 그는 ~에 지대한 **공헌**을 했다.

## 4. **session** [séʃən] [**쎄**션]

> 명(특정한) 기간, 학기
>
> When is your training *session* over?
> 훈련 **기간**이 언제 끝납니까?

## 5. **grandfather** [grǽndfɑ̀ːðər] [그**랜**드파더~]

> 명할아버지
>
> He was named after his *grandfather*.
> 그의 이름은 **할아버지**의 이름을 따서 지어졌다.

## 6. **calendar** [kǽləndər] [캘런더~]

명 달력

There is not any mark on my *calendar*.
내 달력에는 아무 표시가 없는데요.

## 7. **twist** [twist] [트위스트]

동 휘다, 비틀다 명 꼬인 것, 비틀기

The road has lots of *twist*s.
도로가 매우 꼬불꼬불하다.

 **Tip!**
• How much do I owe you?
(=) How much is it?
얼마입니까?

## 8. **owe** [ou] [오우]

동 (돈을)빚지고 있다, 신세를 지고 있다

How much do I *owe* you?
당신에게 얼마를 드리면 될까요(가격이 얼마입니까)?

## 9. **logical** [lάdʒikəl] [ㄹ라지클]

형 논리적인

His report is really *logical*.
그의 보고서는 매우 논리적이다.

## 10. **initial** [iníʃəl] [이니셜]

형 처음의

Their *initial* *impression was good.
그들의 첫 *인상은 좋았다.

*impression [impréʃən]
: 인상, 느낌

✎ **Self Evaluation** : 빈칸에 알맞은 단어를 쓰세요.

1. a [_____] to study (help others)
   공부를 하기 위한(타인을 돕기로 한) **결심**

2. This *receipt is the [_____].
   이 *영수증이 **증거**입니다.

   ✎ *receipt [risíːt]
   : 영수증

3. We are thankful for your [_____]s.
   당신의 **기부**에 감사드립니다.

4. This [_____] is for the total review.
   이번 **기간**은 총괄 평가를 위한 것입니다.

5. She helped her [_____] to walk.
   그녀는 **할아버지**를 부축해 드렸다.

6. give the [_____]s to the customers
   고객들에게 **달력**을 주다

7. He [_____]ed the rope into a ring.
   그는 밧줄을 **꼬아** 고리를 만들었다.

8. I don't [_____] it to you.
   나는 당신에게 그것을 **빚지지 않았다**.

9. His *decision was [_____].
   그의 *결정은 **타당**했다.

10. The [_____] sales *figures were great.
    **초기** 판매량은 대단했다. *1-Day47

Self Test : 뜻을 아는 단어에 ☑ 표시하세요.

☐ 1. **garbage**
Separate *garbage* for recycling.

☐ 2. **analyst**
He is working as a business *analyst*.

☐ 3. **custom**
Sending Christmas cards is an old *custom*.

☐ 4. **salary**
work on a *salary* of ($2500 a month)

☐ 5. **towel**
Dry it with a dish *towel* and use it.

☐ 6. **shelter**
They just started to work at a *shelter*.

☐ 7. **illustrate**
This page was *illustrate*d by a painter.

☐ 8. **hate**
I *hate* anyone being rude to me.

☐ 9. **soft**
The pillow is made of wool and very *soft*.

☐ 10. **dependent**
*dependent* on (each other/aid from~)

**Learn** : 모르는 단어 위주로 학습하세요

## 1. **garbage** [gάːrbidʒ] [**가**~비지]

명쓰레기

*reduce the volume of *garbage*
쓰레기의 양을 줄이다.  *3-Day45*

## 2. **analyst** [ǽnəlist] [**애**널리스트]

명분석가

The *analyst*s will *help you with your work.
전문(분석)가들이 당신의 일을 도울 것입니다.

> help with
> : ~를 (하도록)도와주다

## 3. **custom** [kʌ́stəm] [커스텀]

명관습, 습관

It's her *custom* to take a walk after breakfast.
아침 식사 후에 산책하는 것은 그녀의 **습관**이다.

## 4. **salary** [sǽləri] [**쌜**러리]

명봉급

My basic (net) *salary* is ~
나의 본봉은(공제 후 **급여**는) ～이다.

## 5. **towel** [táuəl] [**타**월]

명수건

Did you pack your *towel*?
**수건**은 챙겼습니까?

## 6. **shelter** [ʃéltər] [쉘터~]

명 쉼터, 피난처

*Shelter* was *provided for them.
그들에게 **쉼터**가 제공되었다. *1-Day27*

## 7. **illustrate** [íləstrèit] [일러스트레이트]

동 (예시로)설명하다, 삽화를 넣다

Let me *illustrate* by more examples.
몇 가지 예를 더 들어 **설명해** 드리죠.

## 8. **hate** [heit] [헤일ㅌ]

동 싫어하다

I *hate* to *bother my neighbors. *2-Day31*
나는 이웃 사람들을 *괴롭히고 싶지 않습니다.

## 9. **soft** [sɔːft] [쏘프트]

형 부드러운

He put a layer of *soft* sand under it.
그는 밑에 부드러운 모래층을 깔았다.

## 10. **dependent** [dipéndənt] [디펜던트]

형 의존하는

He has three *dependent* children.
그는 **부양할** 세 명의 자식이 있습니다.

# Self Evaluation : 빈칸에 알맞은 단어를 쓰세요.

1. *Separate [ ] for *recycling.
   재활용을 위해서 **쓰레기**를 *분리하세요. *1-Day48

2. He is working as a business [ ].
   그는 경영 **분석가**로 일하고 있다.

3. Sending Christmas cards is an old [ ].
   크리스마스 카드를 보내는 것은 오랜 **관습**이다.

4. work on a [ ] of ($2500 a month)
   (한 달에 2500달러)의 **급여**를 받고 일하다.

5. Dry it with a dish [ ] and use it.
   **행주**로 물기를 닦은 후 사용하세요.

6. They just started to work at a [ ].
   그들은 **쉼터**에서 막 일을 시작했다.

7. This page was [ ]d by a painter.
   이 페이지는 화가에 의해 **삽화**가 그려졌다.

8. I [ ] anyone being *rude to me.
   *무례한 사람은 **싫습니다.**

9. The *pillow is made of wool and very [ ].
   *베게가 양모로 만들어져 매우 **부드럽습니다.**

10. [ ] on (each other/aid from~)
    서로에게/원조에 **의지하는**

**Self Test** : 뜻을 아는 단어에 ☑ 표시하세요.

□ 1. **code**

The letter is written in *code*.

□ 2. **awareness**

campaigns on safety *awareness*

□ 3. **signature**

I need your *signature* on the last page.

□ 4. **hat**

Take your *hat* off, please!

□ 5. **draft**

The scenario is still in *draft*.

□ 6. **habit**

have a *habit* of walking every morning

□ 7. **cross**

Put a *cross* if the answer is wrong.

□ 8. **inform**

He *inform*ed us of the rules.

□ 9. **sad**

I wish the last scene were not *sad*.

□ 10. **weak**

What are the *weak* points of it?

**Learn** : 모르는 단어 위주로 학습하세요

## 1. **code** [koud] [코우드]

명암호, 부호

Enter a product *code* number!
제품 **코드** 번호를 입력해 주십시오!

## 2. **awareness** [əwéərnis] [어웨어~니쓰]

명의식, 알고 있음

raise *awareness* of the environment
환경에 대한 **의식**을 높이다

## 3. **signature** [sígnətʃər] [씨ㄱ너처~]

명서명, 특징

Your *signature* is missing here.
여기 당신의 **서명**이 빠져 있어요.

## 4. **hat** [hæt] [햍ㅌ]

명모자

Your shirt *goes well with your *hat*.
셔츠가 **모자**와 잘 *어울립니다.

> *go well with
> : ～와 잘 어울린다

## 5. **draft** [dræft] [드래ㅍ트]

명(미완성)원고, 밑그림

Here's the *draft* of the contract.
계약서의 **초안**입니다.

## 6. habit [hǽbit] [해빝ㅌ]

명 버릇

a *habit* of saving energy (money)
에너지를(돈을) 절약하는 습관

## 7. cross [krɔːs] [크로쓰]

명 ×표, 십자가 동 건너다

*Cross* the road and turn left.
길을 건넌 후 좌회전하세요.

**Tip!**

[유용한 표현!]
• 횡단보도: crosswalk
• 교차로 : crossroad

## 8. inform [infɔ́ːrm] [인포~엄]

동 알리다

~*inform* you of your *promotion
당신의 *승진 소식을 알려 드립니다.  *2-Day33

## 9. sad [sæd] [쌔드]

형 슬픈, 애석한

She was calm in a *sad* situation.
그녀는 슬픈 상황에서 침착했다.

## 10. weak [wiːk] [위읰ㅋ]

형 약한

have a *week* relationship/stomach
유대관계가 / 위장이 약하다

✏️ **Self Evaluation** : 빈칸에 알맞은 단어를 쓰세요.

1. The letter is written in [          ].
   그 편지는 **암호**로 쓰여져 있다.

2. campaigns on safety [          ]
   안전 **의식**에 대한 홍보

3. I need your [          ] on the last page.
   마지막 페이지에 **서명**이 필요합니다.

4. Take your [          ] off, please!
   **모자**는 벗어주시기 부탁드립니다.

5. The *scenario is still in [          ].
   *각본(시나리오)은 아직 **초안** 단계에 있습니다.

6. have a [          ] of walking every morning
   매일 아침 걷는 **습관**을 갖다.

7. Put a [          ] if the answer is wrong.
   답이 틀렸으면 **X표**를 하시오.

8. He [          ]ed us of the rules.
   그는 우리에게 규칙에 대하여 **알려** 주었다.

9. I wish the last scene were not [          ].
   마지막 장면이 **슬프지** 않았으면 좋겠다.

10. What are the [          ] points of it?
    그것의 **단점**이 무엇입니까?

# Self Evaluation : 뜻을 아는 단어에 ☑ 표시하세요.

| | | | | | |
|---|---|---|---|---|---|
| ☐ 1 | curve | ☐ 18 | respond | ☐ 35 | towel |
| ☐ 2 | farmer | ☐ 19 | foreign | ☐ 36 | shelter |
| ☐ 3 | refrigerator | ☐ 20 | unusual | ☐ 37 | illustrate |
| ☐ 4 | occasion | ☐ 21 | resolution | ☐ 38 | hate |
| ☐ 5 | leather | ☐ 22 | proof | ☐ 39 | soft |
| ☐ 6 | interact | ☐ 23 | contribution | ☐ 40 | dependent |
| ☐ 7 | retire | ☐ 24 | session | ☐ 41 | code |
| ☐ 8 | divide | ☐ 25 | grandfather | ☐ 42 | awareness |
| ☐ 9 | illegal | ☐ 26 | calendar | ☐ 43 | signature |
| ☐ 10 | upper | ☐ 27 | twist | ☐ 44 | hat |
| ☐ 11 | fee | ☐ 28 | owe | ☐ 45 | draft |
| ☐ 12 | climate | ☐ 29 | logical | ☐ 46 | habit |
| ☐ 13 | accident | ☐ 30 | initial | ☐ 47 | cross |
| ☐ 14 | sister | ☐ 31 | garbage | ☐ 48 | inform |
| ☐ 15 | expert | ☐ 32 | analyst | ☐ 49 | sad |
| ☐ 16 | native | ☐ 33 | custom | ☐ 50 | weak |
| ☐ 17 | belong | ☐ 34 | salary | | |

배운 단어를 얼마나 기억하세요? 정답은 296page 참조
• 맞은 갯수 30개 이하: 수고하셨어요. 한 번만 더 복습^^
• 맞은 갯수 30개 이상: OK! 어려운 단어 복습
• 맞은 갯수 40개 이상: Very Good!!

Review
11

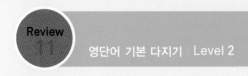

## Self Evaluation : 빈칸을 채워 보세요.

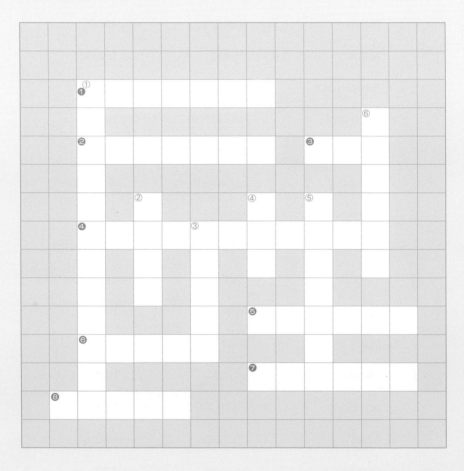

[가로열쇠]
①respond ②foreign ③fee ④grandfather ⑤native ⑥twist
⑦farmer ⑧proof

[세로열쇠]
①refrigerator ②hate ③draft ④hat ⑤shelter ⑥retire

## 🔑 [세로열쇠]

① Left over food is in the ⬚.

② I ⬚ anyone being rude to me.

③ The ⬚ is still in draft.

④ Take your ⬚ off, please.

⑤ They just started to work at a ⬚.

⑥ He did his best until he ⬚d.

## 🔑[가로열쇠]

❶ He ⬚ed to our request right away.

❷ He has adapted to the ⬚ culture.

❸ There is a ⬚ for entering.

❹ She helped her ⬚ to walk.

❺ Repeat after the ⬚ speaker.

❻ He ⬚ed the rope into a ring.

❼ ⬚s plant their rice today.

❽ This receipt is the ⬚.

## Self Evaluation : 뜻 해석

| | | | | | |
|---|---|---|---|---|---|
| 1 | 곡선, (도로의) 모퉁이 | 18 | 대답하다, 반응을 보이다 | 35 | 수건 |
| 2 | 농부 | 19 | 외국의 | 36 | 쉼터, 피난처 |
| 3 | 냉장고 | 20 | 특이한, 드문 | 37 | 설명하다, 삽화를넣다 |
| 4 | 경우, 행사 | 21 | 결의(안), 해결 | 38 | 싫어하다 |
| 5 | 가죽 | 22 | 증거(물) | 39 | 부드러운 |
| 6 | 소통하다 | 23 | 기부금, 기여 | 40 | 의존하는 |
| 7 | 은퇴하다 | 24 | (특정한) 기간, 학기 | 41 | 암호, 부호 |
| 8 | 나누다, 분할하다 | 25 | 할아버지 | 42 | 의식, 알고 있음 |
| 9 | 불법적인 | 26 | 달력 | 43 | 서명, 특징 |
| 10 | 위쪽의, 상위의 | 27 | 비틀다,비틀기 | 44 | 모자 |
| 11 | 수수료, 요금 | 28 | (빚, 신세)를 지다 | 45 | (미완성)원고, 밑그림 |
| 12 | 기후 | 29 | 논리적인 | 46 | 버릇 |
| 13 | 사고, 우연 | 30 | 처음의 | 47 | X표, 십자가, 건너다 |
| 14 | 언니, 누나, 여동생 | 31 | 쓰레기 | 48 | 알리다 |
| 15 | 전문가 | 32 | 분석가 | 49 | 슬픈 |
| 16 | 태어난 곳의, 현지인 | 33 | 관습, 습관 | 50 | 약한 |
| 17 | …에 속하다 | 34 | 봉급 | | |

왕초보 탈출 영단어 **ABC**

# 영단어
## 기본 다지기 Level 2

*Day
**56 ~ 60**

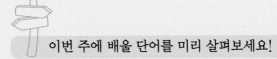
| | | | | |
|---|---|---|---|---|
| 1 wage | 11 construct | 21 quantity | 31 penalty | 41 tooth |
| 2 solid | 12 row | 22 shop | 32 finance | 42 sink |
| 3 tea | 13 mode | 23 score | 33 departure | 43 tone |
| 4 seat | 14 crack | 24 oath | 34 bill | 44 hole |
| 5 chair | 15 schedule | 25 stomach | 35 mess | 45 garage |
| 6 collar | 16 devil | 26 evening | 36 neck | 46 tank |
| 7 hang | 17 imply | 27 shut | 37 specify | 47 reflect |
| 8 adapt | 18 send | 28 recover | 38 relate | 48 argue |
| 9 spare | 19 former | 29 informal | 39 calm | 49 rub |
| 10 prior | 20 odd | 30 neat | 40 hero | 50 practical |

👉 **Self Test** : 뜻을 아는 단어에 ☑ 표시하세요.

□ 1. **wage**
This job brings good *wage*s.

□ 2. **solid**
His bike ran into a *solid* object.

□ 3. **tea**
Dinner will be served with *tea*.

□ 4. **seat**
Please be *seat*ed here.

□ 5. **chair**
Please pull up the *chair* to the front.

□ 6. **collar**
*White *collar* workers often visit here.

> *white collar
> : 사무직

□ 7. **hang**
His private stuff is *hang*ing on the wall.

□ 8. **adapt**
We *adapt*ed to our new office very soon.

□ 9. **spare**
I don't have any *spare* cash.

□ 10. **prior**
We need a *prior* meeting for it.

Day
56

**Learn** : 모르는 단어 위주로 학습하세요

---

## 1. **wage** [weiʤ] [웨이지]

명 임금, 급료

He gets a weekly *wage* of 500 dollars.
그는 주급으로 500달러를 받는다.

## 2. **solid** [sάlid] [쌀리드]

형 단단한, 고체의 명 고체

He *grumbled over *solid* dishes.
그는 **딱딱한** 음식을 두고 *투덜댔다.

## 3. **tea** [ti:] [티이]

명 차

The flavor of your *tea* is nice.
드시는 **차**의 향이 좋은데요.

## 4. **seat** [si:t] [씨잍]

명 자리, 좌석 동 앉히다

There are no more *seat*s today.
오늘은 더 이상 **좌석**이 없습니다.

## 5. **chair** [ʧɛər] [체어~]

명 의자

Please take a *rest on the *chair*. *1-Day38
**의자**에 앉아 좀 쉬세요.

## 6. **collar** [kɑ́lər] [칼러~]

　명(윗옷의)칼라, 깃

　Could you *remove dirt on the *collar*?
　옷깃의 때를 *제거해 주시겠습니까?

## 7. **hang** [hæŋ] [행]

　동걸다, 매달(리)다

　*Hang* your suit in the *wardrobe.
　*옷장에 양복을 걸어요.

## 8. **adapt** [ədǽpt] [어댚ㅌ]

　동적응하다

　It will take a while to *adapt* to city life.
　도시 생활에 적응하는 데 시간이 좀 걸릴 것이다.

## 9. **spare** [spɛər] [스페어~]

　형남는 명여분

　Are there any *spare* tickets?
　남은 표가 있습니까?

## 10. **prior** [práiər] [프라이어~]

　형사전의

　Is it the same as the *prior* one?
　이전 것과 같습니까?

Day
56

✏ **Self Evaluation** : 빈칸에 알맞은 단어를 쓰세요.

1. This job brings good _____ s.
   이 일은 **급여**가 괜찮다.

2. His bike ran into a _____ object.
   그의 자전거가 **단단한** 물체에 부딪혔다.

3. Dinner will be served with _____ .
   **차**와 함께 저녁 식사가 제공될 것입니다.

4. Please be _____ ed here.
   이 곳에 **앉아** 주시기 바랍니다.

5. Please pull up the _____ to the front.
   **의자**를 앞쪽으로 당겨 주세요.

6. *White _____ workers often visit here.
   *사무실 직원들이 이곳에 자주 방문한다.

7. His private *stuff is _____ ing on the wall.
   그의 개인 *물품이 벽에 **걸려** 있다.

8. We _____ ed to our new office very soon.
   우리는 새 사무실에 곧 **적응했다.**

9. I don't have any _____ cash.
   내게 **남은** 현금이 없다.

10. We need a _____ meeting for it.
    그 일을 위해 **사전** 회의가 필요합니다.

Self Test : 뜻을 아는 단어에 ☑ 표시하세요.

☐ 1. **construct**
When was the park *construct*ed?

☐ 2. **row**
sit in a *row* in a waiting room

☐ 3. **mode**
Your *mode* of communication is wrong.

☐ 4. **crack**
The plate fell and *crack*ed.

☐ 5. **schedule**
His arrival was behind *schedule*.

☐ 6. **devil**
Who will be a *devil* in the play?

☐ 7. **imply**
It is *imply*ing the value of this map.

☐ 8. **send**
Please *send* it to me by air mail.

☐ 9. **former**
I don't know the *former* owner.

☐ 10. **odd**
It's an *odd* combination.

**Learn** : 모르는 단어 위주로 학습하세요

## 1. **construct** [kənstrʌ́kt] [컨ㅅ트럭트]

통건설하다, 구성하다

*construct* a dam (a \*bridge)
댐을(다리를) **건설하다.** *2-Day1*

## 2. **row** [rou] [로우]

명줄, 열 통노를 젓다

We *row*ed a boat across the lake.
우리는 호수 건너편으로 배를 **저었다.**

## 3. **mode** [moud] [모우드]

명방식, 유형

switch my phone to silent *mode*
전화기를 무음 **방식**으로 바꾸다

## 4. **crack** [kræk] [크랙ㅋ]

통갈라지다 명틈, 날카로운 소리

There's a *crack* in the \*bowl.
그릇에 **금이 갔다.** *1-Day20*

## 5. **schedule** [skédʒuːl] [스케쥴]

명일정 통일정을 잡다

They are following a tight *schedule*.
그들은 빡빡한 **일정**대로 따라가고 있다.

## 6. devil [dévl] [데블]

　명악마

Speak of the *devil*.
[속담] 호랑이도 제 말하면 온다. (=악마 이야기에 **악마**가 온다)

## 7. imply [implái] [임플**라**이]

　동암시하다

It *implies* his great *potential. *1–Day56
그것은 그의 대단한 가능성을 **암시한다**.

## 8. send [send] [쌘드]

　동보내다, 발송하다

I'm *send*ing you an *attached file.
*첨부 파일을 보내 드립니다.

## 9. former [fɔ́:rmər] [포~머~]

　형예전의, 이전의

I need *former* data.
**이전** 자료들이 필요합니다.

Day
57

## 10. odd [ad] [아드]

　형이상한, 특이한, 홀수의(odd number : 홀수)

Something *odd* is happening.
**이상한** 일이 일어나고 있다.

# Self Evaluation : 빈칸에 알맞은 단어를 쓰세요.

1. When was the park [          ]ed?
   그 공원이 언제 **건설되었**습니까?

2. sit in a [          ] in a waiting room
   대기실에서 한 **줄로** 앉다.

3. Your [          ] of communication is wrong.
   당신의 의사소통 **방식**은 옳지 않다.

4. The plate fell and [          ]ed.
   접시가 떨어져서 **깨졌다.**

5. His arrival was behind [          ].
   그의 도착이 **일정**보다 늦어졌습니다.

6. Who will be a [          ] in the play?
   연극에서 누가 **악마** 역할을 하게 되죠?

7. It is [          ]ing the value of this map.
   그것은 이 지도의 가치를 **암시하고** 있다. (높은 가치를 의미한다)

8. Please [          ] it to me by air mail.
   항공편으로 **보내주십시오.**

9. I don't know the [          ] owner.
   나는 **예전** 주인을 알지 못한다.

10. It's an [          ] combination.
    **이상한** 조합이다.

Self Test : 뜻을 아는 단어에 ☑ 표시하세요.

☐ 1. **quantity**

The *quantity* of materials is enough.

☐ 2. **shop**

The *shop* has a glass sign.

☐ 3. **score**

I don't want an even *score*.

☐ 4. **oath**

The witness took an *oath*.

☐ 5. **stomach**

Alcohol is not good on an empty *stomach*.

☐ 6. **evening**

I'm on duty this *evening*.

☐ 7. **shut**

Please check if all the windows are *shut*!

☐ 8. **recover**

He will soon *recover* from his injury.

☐ 9. **informal**

It's an *informal* meeting about our vacation.

☐ 10. **neat**

The *front desk is *neat*ly organized.

**Learn** : 모르는 단어 위주로 학습하세요

## 1. quantity [kwɑ́ntəti] [콴터티]

> 명양, 수량
>
> Please check the wrong *quantity*!
> 틀린 **수량** 점검 부탁합니다.

## 2. shop [ʃap] [샵]

> 명가게, 상점 동(물건을)사다, 쇼핑하다
>
> I started working in a record *shop*.
> 나는 음반 **가게**에서 일을 시작했다.

## 3. score [skɔ:r] [스코~]

> 명점수 동득점을 올리다
>
> try to improve (my) *score*s
> **점수**를 향상시키기 위해 노력하다

## 4. oath [ouθ] [오우쓰]

> 명맹세, 선서
>
> Repeat the *oath* after the speaker.
> 사회자를 따라 **맹세**하십시오.

## 5. stomach [stʌ́mək] [스터먹ㅋ]

> 명배, 복부, 위
>
> I was late for work due to a *stomach* pain.
> **배**가 아파서 직장에 지각을 했다.

## 6. evening [íːvniŋ] [이브닝]

명저녁

My flight leaves in the *evening*.
내가 탈 비행기는 **저녁**에 떠난다.

## 7. shut [ʃʌt] [셭ㅌ]

동닫다 형닫힌

The server was *shut* down for a while.
서버가 잠시 **닫혔어요**.

## 8. recover [rikʌ́vər] [리커버~]

동회복하다, 되찾다

You'll *recover* your sight soon.
곧 시력을 **회복하실** 것입니다.

## 9. informal [infɔ́ːrməl] [인포~멀]

형비공식의, 허물없는

He paid an *informal* visit to the city.
그는 그 도시를 **비공식**으로 방문했다.

## 10. neat [niːt] [니잍ㅌ]

형단정한, 깔끔한

You look *neat* in your blue jacket.
파란색 상의를 입으니 **단정해** 보입니다.

✎ **Self Evaluation** : 빈칸에 알맞은 단어를 쓰세요.

1. The ⬚⬚⬚ of *materials is enough.
   *재료의 양은 충분하다.

2. The ⬚⬚⬚ has a glass *sign. *2-Day3
   그 상점은 유리*간판을 달았다.

3. I don't want an even ⬚⬚⬚.
   나는 동점을 원하지 않는다.

4. The *witness took an ⬚⬚⬚.
   *증인은 선서를 했다.

5. Alcohol is not good on an empty ⬚⬚⬚.
   빈 속에 술은 좋지 않다.

6. I'm on duty this ⬚⬚⬚.
   오늘 저녁에 근무가 있습니다.

📝 **Tip!**
* if : '~인지 아닌지'를
의미하기도 합니다.

7. Please check *if all the windows are ⬚⬚⬚!
   창문들이 모두 닫혀*있는지 점검해 주세요.

8. He will soon ⬚⬚⬚ from his injury.
   그는 곧 부상에서 회복될 것입니다.

9. It's an ⬚⬚⬚ meeting about our vacation.
   휴가에 관한 비공식 모임입니다.

10. The *front desk is ⬚⬚⬚ly organized.
    *접수 창구가 말끔하게 정돈되어 있다.

Self Test : 뜻을 아는 단어에 ☑ 표시하세요.

☐ 1. **penalty**
A *penalty* was imposed on him for drunk driving.

☐ 2. **finance**
He is engaged in the *finance* industry.

☐ 3. **departure**
He put off his *departure*.

☐ 4. **bill**
This *bill* is due on December 15.

☐ 5. **mess**
Let's clean up the *mess*!

☐ 6. **neck**
design the *neck* of the sweater

☐ 7. **specify**
Please *specify* its size on the order form.

☐ 8. **relate**
My job is not *relate*d to art.

☐ 9. **calm**
Please *calm* down!

☐ 10. **hero**
the *hero* in the academic field

**Learn** : 모르는 단어 위주로 학습하세요

## 1. **penalty** [pénəlti] [패널티]

명처벌, 벌금

I'm against the death *penalty*.
나는 사형제에 반대한다.

## 2. **finance** [fáinæns] [파이낸쓰]

명재원, 재무

He is an expert in *finance*.
그는 재무 전문가이다.

## 3. **departure** [dipá:rtʃər] [디파~처~]

명출발

check the time of (one's)*departure*
출발 시간을 점검하다.

## 4. **bill** [bil] [빌]

명계산서, 법안 동청구하다

Our *bill*s were all paid.
청구된 요금은 모두 지불되었습니다.

## 5. **mess** [mes] [매쓰]

명엉망인 상황 동엉망으로 만들다

He *mess*ed up our party.
그가 우리의 파티를 엉망으로 만들었어요.

## 6. neck [nek] [넥ㅋ]

명 목

Prepare V-**neck**ed shirts, please.
V형 테두리의 셔츠들을 준비해 주세요.

## 7. specify [spésəfài] [스**페**쓰파이]

동 (구체적으로)명시하다

This map didn't **specify** the locations.
이 지도는 장소를 명확하게 **명시하**지 않았다.

## 8. relate [riléit] [릴**레**이트]

동 관련시키다, 연관되다

These two ideas are **relate**d to each other.
이 두 가지 생각들은 서로 **관련이 있다**.

## 9. calm [kaːm] [카암]

형 침착한, 차분한 명 평온

It was a **calm** and peaceful night.
조용하고 **평화로운** 밤이었습니다.

## 10. hero [híərou] [**히**어로우]

명 영웅, (남자)주인공

remember (treat) him as a **hero**
그를 **영웅**으로 기억하다(대접하다).

✎ **Self Evaluation** : 빈칸에 알맞은 단어를 쓰세요.

1. A ⬚ was imposed on him for drunk driving.
   음주 운전으로 그는 **처벌**을 받았다. (그에게 처벌이 주어졌다)

2. He is *engaged in the ⬚ *industry.
   그는 **금융** 산업에 종사하고 있다. *2-day4 /*1-Day40

3. He put off his ⬚ .
   그는 **출발**을 미루었다.

4. This ⬚ is due on December 15.
   이 **고지서**의 지불 기한은 12월 15일이다.

5. Let's clean up the ⬚ !
   **엉망인 상황** 정돈 좀 합시다!

6. design the ⬚ of the sweater
   스웨터의 **목 부분**을 디자인하다

7. Please ⬚ its size on the order form.
   주문서에 치수를 **명시해** 주시기 바랍니다.

8. My job is not ⬚ d to art.
   내 일은 예술과는 **관련**이 없다.

9. Please ⬚ down!
   제발 **침착**하세요.

10. the ⬚ in the academic field
    학계의 **영웅**

Self Test : 뜻을 아는 단어에 ☑ 표시하세요.

□ 1. **tooth**
have my *tooth* (treated/ filled)

□ 2. **sink**
install a kitchen *sink*

□ 3. **tone**
How about different *tone*s of pink?

□ 4. **hole**
The wine was kept in a big *hole*.

□ 5. **garage**
My car is in the basement *garage*.

□ 6. **tank**
He emptied the water *tank*.

□ 7. **reflect**
Their opinion was *reflect*ed in the system.

□ 8. **argue**
We have no time for *argu*ing.

□ 9. **rub**
He *rub*bed against the blackboard.

Day
60

□ 10. **practical**
give *practical* advice about job

**Learn** : 모르는 단어 위주로 학습하세요

### 1. **tooth** [tu:θ] [투우쓰]

명이, 치아

My **tooth** is aching now.
지금 내 **이**가 아파요.

### 2. **sink** [siŋk] [씽크]

동가라앉다(앉히다), 나아지다, 명개수대

A car is **sink**ing due to the flood.
홍수로 차가 **잠기고** 있다.

### 3. **tone** [toun] [토운]

명어조, (글,색 등의)분위기, 음조

speak in a low (*serious) **tone** *2-Day5
*낮은(심각한) **어조로** 말하다

### 4. **hole** [houl] [호울]

명구멍, 허점, (골프)홀

She *was defeated by two **hole**s.
그녀는 두 홀 차이로 *졌다.

### 5. **garage** [gərá:dʒ] [거**라**아지]

명차고, 정비소

book a car at the **garage**
**정비소**에 차를 예약하다

## 6. **tank** [tæŋk] [탱크]

명통, 수조

The *tank* needs to be filled.
그 **탱크**는 채워질 필요가 있다. (탱크를 채워야 한다.)

## 7. **reflect** [riflékt] [리플렉ㅌ]

동(상을)비추다, 반영하다

The light was *reflect*ed in the river.
불빛이 강물에 **반사되었다**.

## 8. **argue** [ɑ́ːrgjuː] [아~규]

동언쟁(말다툼)하다

*argue* over the\*ownership of a building
건물의 \*소유권을 두고 **언쟁하다**.

## 9. **rub** [rʌb] [럽]

동문지르다

He *rub*bed the dust off.
그는 먼지를 **비벼** 털어냈다

## 10. **practical** [prǽktikəl] [프랙티컬]

형현실적인, 실용적인

*practical* gifts for customers
고객들을 위한 **실질적인** 선물

**Self Evaluation** : 빈칸에 알맞은 단어를 쓰세요.

1. have my ⬚ (treated/ filled)
   이를 치료받다 / 때우다

2. install a kitchen ⬚
   주방용 싱크대를 설치하다

3. How about different ⬚s of pink?
   좀 다른 분위기의 분홍색 계열은 어때요?

4. The wine was kept in a big ⬚.
   와인은 커다란 구덩이에 저장되었다.

5. My car is in the basement ⬚.
   내 차는 지하 차고에 있습니다.

6. He emptied the water ⬚.
   그는 물통을 비웠다.

7. Their opinion was ⬚ed in the system.
   그들의 의견이 제도에 반영되었다.

8. We have no time for ⬚ing.
   우린 논쟁할 시간이 없습니다.

9. He ⬚bed against the blackboard.
   그는 칠판을 문질러 닦았다.

10. give ⬚ advice about job
    일에 대한 실질적인 조언을 주다

## ☀ Self Evaluation : 뜻을 아는 단어에 ☑ 표시하세요.

| | | |
|---|---|---|
| ☐ 1 wage | ☐ 18 send | ☐ 35 mess |
| ☐ 2 solid | ☐ 19 former | ☐ 36 neck |
| ☐ 3 tea | ☐ 20 odd | ☐ 37 specify |
| ☐ 4 seat | ☐ 21 quantity | ☐ 38 relate |
| ☐ 5 chair | ☐ 22 shop | ☐ 39 calm |
| ☐ 6 collar | ☐ 23 score | ☐ 40 hero |
| ☐ 7 hang | ☐ 24 oath | ☐ 41 tooth |
| ☐ 8 adapt | ☐ 25 stomach | ☐ 42 sink |
| ☐ 9 spare | ☐ 26 evening | ☐ 43 tone |
| ☐ 10 prior | ☐ 27 shut | ☐ 44 hole |
| ☐ 11 construct | ☐ 28 recover | ☐ 45 garage |
| ☐ 12 row | ☐ 29 informal | ☐ 46 tank |
| ☐ 13 mode | ☐ 30 neat | ☐ 47 reflect |
| ☐ 14 crack | ☐ 31 penalty | ☐ 48 argue |
| ☐ 15 schedule | ☐ 32 finance | ☐ 49 rub |
| ☐ 16 devil | ☐ 33 departure | ☐ 50 practical |
| ☐ 17 imply | ☐ 34 bill | |

배운 단어를 얼마나 기억하세요? 정답은 322page 참조
• 맞은 갯수 30개 이하: 수고하셨어요. 한 번만 더 복습^^
• 맞은 갯수 30개 이상: OK! 어려운 단어 복습
• 맞은 갯수 40개 이상: Very Good!!

# Review 12

영단어 기본 다지기 | Level 2

*한 차원 높은 사고력!*

## Self Evaluation : 빈칸을 채워 보세요.

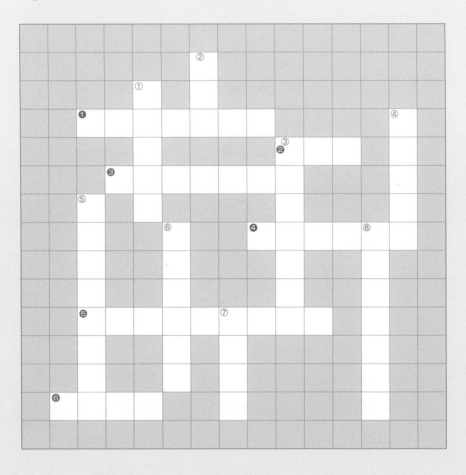

## 🔑 [세로열쇠]

① His bike ran into a [      ] object.

② Dinner will be served with [      ].

③ He will soon [      ] from his injury.

④ Please pull up the [      ] to the front.

⑤ His arrival was behind [      ].

⑥ My job is not [      ]d to art.

⑦ He emptied the water [      ].

⑧ I'm on duty this [      ].

## 🔑[가로열쇠]

❶ Alcohol is not good on an empty [      ].

❷ sit in a [      ] in a waiting room

❸ He is engaged in [      ] industry.

❹ I don't know the [      ] owner.

❺ He put off his [      ].

❻ Please [      ] it to me by air mail.

## Self Evaluation : 뜻 해석

| | | |
|---|---|---|
| 1 임금, 급료 | 18 보내다, 발송하다 | 35 엉망인 상황 |
| 2 단단한, 고체의 | 19 예전의, 이전의 | 36 목 |
| 3 차 | 20 이상한, 특이한 | 37 (구체적으로)명시하다 |
| 4 자리, 좌석, 앉히다 | 21 양, 수량 | 38 관련시키다, 연관되다 |
| 5 의자 | 22 상점, 쇼핑하다 | 39 침착한, 차분한 |
| 6 (윗옷의)칼라, 깃 | 23 점수 | 40 영웅 |
| 7 걸다, 매달다 | 24 맹세, 선서 | 41 이, 치아 |
| 8 적응하다 | 25 배, 복부, 위 | 42 가라앉다, 개수대 |
| 9 남는 | 26 저녁 | 43 어조, 음조 |
| 10 사전의 | 27 닫다, 닫힌 | 44 구멍, 허점 |
| 11 건설하다, 구성하다 | 28 회복하다, 되찾다 | 45 차고, 정비소 |
| 12 줄, 열 | 29 비공식의 | 46 통, 수조 |
| 13 방식, 유형 | 30 단정한, 깔끔한 | 47 (상을)비추다, 반영하다 |
| 14 갈라지다, 틈 | 31 처벌, 벌금 | 48 언쟁(말다툼)하다 |
| 15 일정 | 32 재원, 재무 | 49 문지르다 |
| 16 악마 | 33 출발 | 50 현실적인, 실용적인 |
| 17 암시하다 | 34 계산서, 청구하다 | |

영단어 기본 다지기 | Level 2
# 부록
appendix

# Level 2 [부록] 주제별 단어장
## – 필요에 따라 활용하시기 바랍니다.

| 학교 (school) | |
|---|---|
| 수강신청을 하다 | sign up for a class |
| 결석하다 | be absent from a class |
| 다니다 | attend the school |
| 입학하다 | enter a school |
| 졸업하다 | graduate from the school |
| 지각하다 | be late for school |

| 수업 (class) | |
|---|---|
| 수업을 듣다 | attend a class |
| 숙제를 하다 | do homework |
| 시험을 치르다 | take a test |
| 시험공부를 하다 | study for an exam |
| 객관식 문제 | multiple choice questions |
| 단답형(주관식) 문제 | short answer questions |
| (상대평가/절대평가)로 | on (a curve /an absolute scale) |

| 기타(etc.) | |
|---|---|
| 학기 | semester |
| 보강 | make-up class |
| 수업료 | tuition fee |
| 장학금 | scholarship |
| 모범생 | a model student |
| 성적증명서 | transcript |
| 졸업증서 | diploma |
| 2년 (선배/후배)이다 | He is 2 years my (senior/junior). |

| 장소 (places) | |
|---|---|
| 미용실 | beauty shop |
| PC방 | internet café |
| 경찰서 | police station |
| 공인중개 소 | real estate agency |
| 관리실 | maintenance(janitor's) office |
| 매표소 | ticket booth/agent |
| 문구점 | stationary shop |
| 백화점 | department store |
| 분식집 | snack bar |
| 빨래방 | laundromat |
| 세탁소 | dry cleaner's |
| 여행사 | travel agency |
| 영화관 | movie theater |
| 우체국 | post office |

| 교통.왕래 (traffic / going somewhere) | |
|---|---|
| 왕래 (going somewhere) | |
| 운전해서 직장에 가다 | drive to work |
| 걸어서 (학교/직장)에 가다 | walk to (school/work) |
| 10분 걸린다 | It takes 10 minutes. |
| ~를 차에 태우다 | pick ~ up |
| 운전해서 집에 데려다 주다 | drive (me) home |
| 배웅하다 | see ~ off |
| 마중 나가다 | go to meet ~ |
| 지금 출발합니다. | I'm leaving now. |
| 지름길 | shortcut |

| 도로 (on the road) | |
|---|---|
| 모퉁이를 돌아 | around the corner |
| 교차로에서 | at the crossroad |
| 교통체증 | traffic jam |
| 길 건너편에 | across the road |
| 길을 건너다 | cross the street |
| (우/좌)회전하다 | turn (right / left) |
| 음식점 옆에 | next to the restaurant |
| 이곳에서 내려주세요 | Let me off here. |
| 자동차 충돌사고 | a car crash |
| 직진하다 | go straight |
| 횡단보도 | crosswalk |

| 대중교통 (public transportation) | |
|---|---|
| 전철(버스/기차/택시)을 타고 | by subway (bus / train/ taxi) |
| 비행기로 | by airplane |
| 택시를 부르다 | call a taxi |
| (버스/기차) 정류소 | (bus/train) station |
| 버스를 놓치다 | miss the bus |
| 버스에 타다 | get on a bus |
| 버스에서 내리다 | get off a bus |
| 10분마다 버스가 온다 | The buses run every 10ms. |
| 목적지 | destination |
| 편도 승차권 | one way ticket |
| 왕복 승차권 | a return(=round trip) ticket |

| 날씨 기상 (weather) | |
|---|---|
| 이슬비 내리는 | drizzling |
| 날이 개었다 | It cleared up. |
| 눈이 내리는 | snowy |
| 맑은/흐린 | clear, sunny / cloudy |
| 바람이 부는 | windy |
| 비가 오는 | rainy |
| 습한 | damp, humid |
| 안개 낀 | foggy |
| 천둥/번개 | thunder / lightening |
| 추운.쌀쌀한/찌는 듯이 더운 | cold, chilly / steaming hot |
| 일기예보를 확인하다 | check the weather forecast |

| 운동 / 취미 (sports / hobbies) | |
|---|---|
| 운동하다 | exercise, work out |
| 등산하다 | go hiking |
| 산책하다 | take a walk |
| 수영하러 가다 | go swimming |
| 스키 타러 가다 | go skiing |
| 조깅하다 | go jogging |
| 헬스클럽 | gym, fitness center |
| | |
| 그림 그리기 | drawing, painting |
| 글쓰기 | writing |
| 낚시하러 가다 | go fishing |
| 독서 | reading |
| 사진 찍기 | taking pictures |
| 수공예 | handicraft |

| 병원 (hospital) | |
|---|---|
| 예방 접종하다 | inoculate |
| 건강검진을 받다 | get a check-up |
| 의사와 상담하다 | consult the doctor |
| 입원하다 | be hospitalized |
| 주사를 맞다 | get (an injection)a shot |
| 처방을 받다 | get a prescription |
| 체온을 재다 | take one's temperature |
| 치료를 받다 | get treatment |
| | |
| 해열제 | antifebrile |
| 알약 | pill |
| 처방전 없이 구매 가능한 약 | over-the-counter drug |

| 사고 (accident) | |
|---|---|
| (발목)을 삐다 | sprain my (ankle) |
| (손)이 아프다 | (My hand) hurts. |
| (손)을 다쳤다 | hurt (my hand) |
| ~에 부딪히다 | hit~ (or) run against~ |
| (다리)에 부상을 입다 | (My leg) is injured. |
| 기부스를 하다 | wear a cast |
| 기절하다 | faint |
| 넘어지다 | fall |
| 다리가 부러지다 | break a leg |
| 물에 빠지다 | be drowned |
| 손가락을 베다 | cut my finger |
| 타박상을 입다 | be bruised |
| 화상을 입다 | get burned |

| 증상 (symptom) | |
|---|---|
| 식중독 | food poisoning |
| 온 몸이 아프다 | My body aches all over. |
| ~에 알레르기가 있다 | I'm allergic to ~ |
| 두드러기 | rash |
| 절뚝거리다 | hobble |
| 쥐가 나다 | have a cramp |
| 코를 골다 | snore |
| 재채기하다 | sneeze |
| 기침하다 | cough |

| 속이 불편함(feel sick) | |
|---|---|
| 열이 난다 | have a fever |
| 구역질 나는 | nauseous |
| 구토하다 | vomit, throw up |
| 메스껍다 | feel sick |
| 소화불량 | indigestion |
| 어지럽다 | feel dizzy |
| (차멀미/뱃멀미)을 하다 | get (carsick / seasick) |

| 기타 (etc.) | |
|---|---|
| 구급상자 | first-aid kit |
| 약을 먹다 | take medicine |
| 호전되다 | feel better |
| 시차를 겪다 | have jet leg |

영단어 기본 다지기 | Level 2

# INDEX

# INDEX / ABC